# 令和版
# 学校のトリセツ

保護者と先生のための学校入門

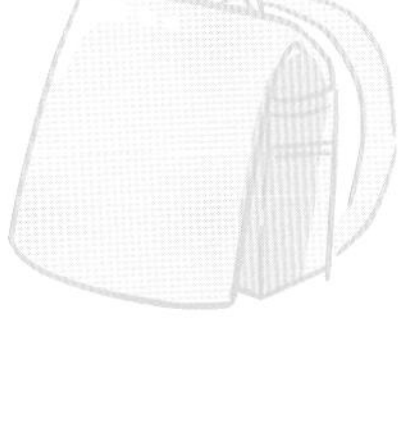

# はじめに

平成20年度に新任教頭として赴任した中学校は問題行動が多発し、学校として機能不全の状態でした。その荒廃は、さまざまな要因が何年も前から徐々に積み上げられてきた結果でしたので、簡単に改革できるものではありませんでした。学校も教育委員会も対応はしてきたようですが、改善は見られませんでした。私の赴任後も有効な手立てがないまま、日々特定の子どもたちに振り回され、教員も疲労困憊《ひろうこんぱい》の状況でした。この手詰まりをどうしたら乗り越えられるのかと考えていたときにふと、「もし自分の子どもがこの学校に通っていたらどうするだろうか」と思うようになりました。改革を学校の視点や都合だけで進めようとするから無理があるのであって、最大の当事者である子どもたちや保護者に意見を求めることに意味があると考えました。保護者から悲惨な現状に対する批判が殺到することが予想されましたが、学校の付け焼き刃的な対応には限界であり、ここで大きな壁を崩さなければ悪循環から抜け出せないことも明白でした。保護者どうしの対立や偏見、プライバシーの問題などの懸念はありましたが、結果的に保護者の意見や発想を取り入れることで、極めて現実的で有効な対応が可能となりました。この成功体験から、改めて保護者の学校における存在の大きさを痛感し、一方、機能しなくなりつつあったPTA活動への危機感も高めました。

その後、教育委員会勤務を経て、平成25年度に校長となった中学校で、PTA改革に取り組みました。「PTAにはもっともっと大きな役割があるのに」。偶然同じような考えを持っていた当時のPTA本部役員の今関さんと両輪で、大胆にPTAを変えていくことになりました。その様子が徐々に口コミで広がり、マスコミにも取り上げられるなどして大きな話題となりました。少しでも多くの保護者に役立ててもらうために、改革の顛末を今関さんとの共著で『PTAのトリセツ ～保護者と校長の奮闘記』（CAPエンタテインメント）として出版しました。その後、PTAは任意加入であるとの認識が全国的に広がり、これまでの組織や活動を大幅に見直したり、PTAそのものを廃止したり、シンプルな保護者会として出直したり、また、形骸化の象徴ともされた上部組織から脱退するケースも急増しました。

このようにPTAという組織が揺れ動く中で、今後、保護者はどのように学校と対峙していけばいいのか、次のステップを模索する段階に差し掛かったのですが、ちょうどこの時期にコロナ禍となりました。さらに働き方改革として教員の業務改善が急務となり、学校はこれまでの常識が通用しない大きな転換期を迎えました。『PTAのトリセツ』はPTA改革の指南書としてだけでなく、学校運営に保護者の参画が必要なことを指摘しています。まさか原稿を書いているときは、すぐにコロナ禍が来ることも働き方改革がここまで大きな課題となることも予想していませんでしたが、いずれ学校現場が混迷の時代を迎えることと、そのときには保護者が積極的に関与する以外に解決の方法がないことは確信していました。

不登校、学力格差、いじめ、個別対応、部活動、働き方改革、コロナ対応……保護者の不安や疑問は増すばかりですが、本書は保護者に学校を知る足がかりになることを目指し、これまでの保護者とのさまざまなやり取りも取り入れながら執筆しました。課題山積みの令和の学校を変えるには、保護者の力が不可欠です。保護者の方々が学校と向きあう上で参考にしていただければ幸いです。

福本　靖

目次

## 第3章 保護者が学校を変えた6つの実践例



## 第4章 令和の教育に必要なこと

# 第1章

## 令和の学校を知ろう 基礎編
## 意外と知らない学校のこと

最近では小学校入学前に習い事を始める人も多く、保護者は学校はサービス機関であり自分たちは「お客様」「消費者」と考えがちです。

そうではなく、保護者は学校の先生といっしょに我が子、その周りの子どもたちを育てるパートナーとして関わることが大切です。そのためにも、学校について知っているとよい仕組み、知っていたらPTAや学校運営協議会で深い話ができる事項を集めてみました。

皆さんはいくつご存知ですか。

# 学校で働く人たち、先生の区分

**最近の学校は、いろいろな先生や先生以外にも学校に支援にきている大人がいます。そのような先生たちの区分について教えてください。**

学校にはたくさんの「先生」がいます。

先生と一言で言っても、その中には**校長・教頭**といった管理職や、担任や教科指導をする先生、保健室の先生である**養護教諭**（養護教諭免許が必要）、学校図書館の運営を行う**学校司書**（司書免許が必要）、給食の管理や食に関する指導を行う**栄養教諭**（栄養教諭普通免許が必要）などがいます。

また、子どもたちとあまり接点はありませんが、物品購入、文書の受付発送、各種証明書の交付、職員の休暇、給与、教科書発注などの事務的な業務を行う**学校事**

**務職員**や、給食の調理を行う**調理員**、**学校用務員**といった方々も働いています。

最近は臨時の先生（講師）が急増しています。正規の先生が産休、育休、病休、長期研修、中途退職などで勤務できない場合、その代替として採用される**常勤講師**と、決められた時間だけ勤務する**非常勤講師**です。臨時に採用された先生であっても子どもたちの教育に携わる点で違いはありませんし、そのことで子どもたちが混乱しないように、教育活動の中では正規・臨時の区別をしないように配慮しています。

この他にも、**スクールカウンセラー**が相談業務に従事したり、大学生や地域の高齢者、保護者が**支援ボランティア**として子どもたちと関わることも増えてきました。多様な子どもたちへのきめ細やかな対応に大きな役割を果たしています。このような人たちも子どもたちにとっては先生です。

# 先生の勤務時間と給特法

**先生の時間外勤務の長さや、手当のないことが注目されています。部活顧問をしてもしなくても給与に差がないとか……。先生の労働条件について教えてください。**

公立学校の先生は基本的に地方公務員なので、労働時間は一般的な公務員（労働者）と同じ1日7時間45分です。典型的なパターンなら**8時15分に始業してお昼に45分の休憩を挟み、4時45分に終業**です。夏休みや冬休みなど子どもたちが長期休業となる時期も通常の勤務をすることになっていますが、年20日以内の有給休暇が認められています。それ以外にも、夏季休暇として5日、年末年始は12月29日から1月3日が休暇となります。

しかし、実際には多くの先生は長時間労働になっています。その要因のひとつに、先生の労働条件が特別な法律で規定されていることが挙げられます。それが**給特法（公立の義務教育諸学校等の教育職員の給与等に関する特別措置法）**です。

１９６６年に制定された法律で、先生の仕事内容が特殊であることから時間外勤務を認定することが難しく、給料月額の４％相当の「教職調整額」を一律に支給する代わりに、残業代や休日出勤手当を支給しないと決めた法律です。「４％相当」は、当時の時間外勤務時間が平均月８時間程度だったことに由来します。

結果的に、学校における労働時間管理の意識が低くなり、管理もあいまいとなって、先生の長時間労働が蔓延しています。半世紀以上も前に制定された法律で時代遅れだとの批判も高まり、その扱いが議論されています。

# 先生の数（定数）の決まり方

**規模が小さい学校はのんびりして楽なのかと思えば、先生の数が少なすぎて校務や授業が回らないと聞きます。先生の人数はだれがどのように決めるのですか？**

公立の小中学校の先生の数を「**教職員定数**」といい、国が定める**義務標準法**（公立義務教育諸学校の学級編制及び教職員定数の標準に関する法律）という法律によって決められます。まず、児童生徒の数に基づいて学級数が決まります。そして、その学級数の合計に特定の数をかけて算出したものが、配置する先生の数になります。この先生の数を「**基礎定数**」といいます。この他に少数ですが特定の目的で加配される「**加配定数**」と呼ばれるものもあります。特別支援やいじめ、不登校への対策などそれぞれの学校の課題に対応したり、特別に力を入れて取り組みたい教育活動のために配置されます。しかし実際には「加配定数」で配置される先生はわずかで、「基礎定数」が先生の数のほとんどです。つまり、学級数が多ければそれだけ先生を多く配置できるのです。1学級の上限の子どもの数が少ないほど学級数が増加します。たとえば、1学年の児童数が200人の場合、「40人学級」ならぎりぎり5クラスですが、「35人学級」なら6クラスになり、割り当てられる先生の数も増えます。小学校に関していえば学級編成を35人に引き下げる「公立義務教育諸学校の学級編成及び教職員定数の標準に関する法律の一部を改正する法律案」が閣議決定されました。2021年度から5年かけて1クラスあたり35人に引き下げられています。

# 学級の弾力的運用

**日本の1学級あたりの子どもの数は多いと聞きます。この数はどのように決められていますか。どの市町村でも同じですか？**

日本の1学級あたりの子どもの数は、諸外国と比較して異常に多いです。きめ細やかな指導のためにも、教員の負担軽減のためにも、早急に引き下げることが求められています。日本でもようやく少人数クラスへ法律の改正がされ始めましたが、40人から35人への引き下げに約40年かかりました。

ニーズの多様化や、きめ細やかな指導を期待し、少人数学級を求める声は大きく、２００１年以降は、各都道府県の判断で国の基準を下回る編成をする**「学級編成の弾力化」**が可能となりました。その結果、自治体が独自の予算を使って、学級の定数を引き下げるようになりました。公立の小中学校の先生の給料は、政令都市を除いて、都道府県が3分の2、国が3分の1を負担することになっているので、国の負担分を自治体で賄うことになります。したがって、〇〇県では小学校は35人学級だけど、隣接の△△県は国の規定の40人学級のまま……ということが起こっています。

また、最近では各市町村が独自に少人数学級を進めるケースもあります。ただ、財政規模の小さな市町村にとっては大きな財政負担となるため、臨時的任用や非常勤などの先生を増やして対応する傾向が見られます。

# 少人数指導

**少人数指導が学力格差を解消するために有効だと聞きます。実施するための障壁は何ですか？**

よりきめ細やかな指導のために、各学校が独自に国の法律による規定よりも少人数の学級編成を行うことが認められるようになりました。これを**少人数指導**と言います。集団の編成方法は、大きく二つに分けられます。名簿や座席に従って単純に分割する方法と、子どもたちの学習への理解や習熟に応じて分割する方法です。

全国学力・学習状況調査の分析で、習熟度別少人数指導を実施している学校では、子どもたちの学力や意欲向上に成果が見られることがわかっています。ただ、教員の数が変わらずに少人数指導をすると教員の負担が大きく、また、教員の多忙化が課題となっていることから、実現は簡単ではありません。

たとえば中学校で実施する場合、各学年の学級数が4学級なら数学の教員は各学年1名ずつの3名程度の配置となります。各学級の週あたりの数学の時間数は4なので、どの数学の教員も週あたりの担当時間は4×4学級で16時間となり、ほぼ標準です。もし3年生で全学級全時間2分割するとプラス16時間が必要となり、数学の免許を持つ他の学年の2人の先生で賄うのは難しくなります。そこで数学の免許を持った非常勤講師（週あたり20時間程度）に依頼し担当してもらいます。この最も単純な解決法の場合でも、うまく数学の非常勤講師が見つかるか、非常勤としての本来の役割を他の教科の先生が負担するのか、などの課題が残ります。また、学級数が5、6など、1人で1つの学年を担当すると不足するけれども、2人にすると余るケースでは、1、2年生で余剰となった先生が3年生の2分割に入ることで対応することもあります。このように学校の事情によっていろいろなケースがあり、各校で工夫をしますが、いずれにせよ本来持つべき時間数をあえて増やすわけですから、このための特別な加配がなければなかなか難しいのが現状です。

# 職員会議

**校長先生から「それは次回の職員会議で話し合ってみます」と言われることがあります。職員会議とはどんな会議で、どんな位置づけなのか教えてください。**

学校の意思形成に大きな役割を果たしているのが、職員会議です。月に1度すべての教職員が集まって、**行事予定や懸案事項について**話し合います。基本的にはこの会議で確認された内容に沿って学校が運営されます。ただし、職員会議は最終的な意思決定機関ではありません。あくまでも学校経営を円滑に進めるために、校長が職員を集めて教職員の相互理解を図り、意見交換し、学校の運営について教職員に周知徹底する場です。

平成12年に「学校教育法施行規則」が一部改正され、**職員会議に関する規定**が設けられ、法的位置づけが加えられました。この規則では「校長の職務の円滑な執行に資するため、職員会議を置くことができる」とされています。

それまでは、職員会議は教職員による意思決定の場と捉えられ、学校によっては人事や校務分掌についても職員会議の場で決定されていました。学校運営が校長の意思や権限を無視される形で進められていたのです。こうした課題を解消するために、法改正が行われ、職員会議が校長の補助機関としての役割を持ち、校長が一切の権限を有すると明記されたのです。

最近では、多忙化の中で会議資料のペーパーレス化や事前の検討を行うなど、職員会議の時間短縮に取り組む学校が増えました。また、議論よりも事務連絡の場としての役割が濃くなり、その形骸化を指摘する意見もあります。

# 学習指導要領

**学校の具体的な教育活動の方向や内容は、学習指導要領に基づいていると聞きました。学習指導要領とは何ですか？**

一般的にはあまり馴染みのない言葉ですが、学校の教育活動に大きな影響を与えるのが**学習指導要領**です。学校が編成する教育課程（子どもたちの調和の取れた育成を目指して、心身の発達に応じ総合的に作成する**教育計画**）の指針となるものです。各教科、それぞれの学年で獲得すべき目標を定めており、子どもたちの教科書や時間割はこれを基に作られています。約10年ごとに改定され、その時代に求められる子どもたちの資質や能力を養成することが目標になっています。

学習指導要領によって、教育の内容は大きく変わります。たとえば、１９８９

年の改定では小学校1、2年に「生活科」が、1998年の改定では小中学校に「総合的な学習の時間」が、2008年は小学校5、6年に「外国語活動」が、2015年は道徳の「特別の教科化」がそれぞれ導入されています。現在（2023年）の学習指導要領は小学校が2020年度、中学校が2021年度から実施されています。特に注目すべきは、「個別最適な学び」として、ICTなども最大限活用しながら、多様な子どもたちを誰一人取り残すことなく育成するという方針です。さらに、すべての子どもに基礎的・基本的な知識・技能を確実に習得させ、思考力・判断力・表現力などを育成するために、一人ひとりの特性や学習状況に応じて、柔軟な指導方法や教材などの工夫が求められています。ただ、学力格差の拡大や教員の多忙化もあり、その実効性には多くの課題があると言われています。

# 教育委員会

「学校が聞く耳を持ってくれないときは教育委員会に」「教育委員会に言われても各学校に任せているから指導できない」どちらもよく聞くフレーズです。教育委員会とはどんな組織ですか？

学校に不満のある保護者が「教育委員会に訴えるぞ」とすごむ場面がドラマなどで見られますが、そもそも教育委員会とはどんな組織なのでしょうか。

教育委員会は、**首長が議会の同意を得て任命する教育長と4名前後の教育委員からなる合議体**です。

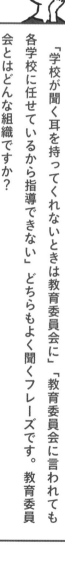

教育長は常勤で、教育委員会の権限に属する事務を処理する事務局を統括します。

教育長は行政職出身の場合もあれば、教員出身の場合もあります。一般的に規模の大きい都道府県や政令指定都市は、行政職出身者が担当する場合が多いようです。
一方、教育委員は市民の中から教育に一定の見識があり、できるだけ年代、性別、職種が重ならないように選ばれた非常勤職です。

一番数の多い公立の小中学校を直接管轄するのは、各市町村の教育委員会です。一方、都道府県の教育委員会は主に先生の任命やその給与の支払いをし、国の施策を仲立ちするような役割を担っています。政令指定都市は両方の役割を担います。

教育委員会の権限に属する事務は多岐にわたりますが、特に校長も含めた先生たちの任免や人事、学校の組織編成、教育課程などを担っています。したがって学校に関することはほとんど教育委員会の権限下にあります。ただし、各校への指導や指示は学習指導要領の示す範囲内の大きな枠の中で行われますので、学校運営の細かい点については、現場の校長に一定権限が与えられています。

教育委員会と学校、どちらに権限と責任があるのか悩む保護者が多いようですが、**制度的なことや人事に関することは教育委員会、時間割や授業内容、指導方法などについては校長**ということになるかもしれません。

# 通知表の評価

「中学生は内申を人質に取られているから、あまり親が学校に意見すると、子どもの足を引っ張るよ」と先輩ママから教わりました。成績の付け方や内申書の評価方法について教えてください。

中学校では２００２年ごろを境に、**絶対評価**が導入されました。

それまでの**相対評価**では、通知表の評価「５」は上位○パーセント、「４」は○パーセント……と決まっており、ほぼ定期テストの点数を合算して上から指定された割合で「５〜１」をつけていました。

相対評価は、子どもたちが定期テストで取った点数が評価の大きなウエイトを占め、そのため保護者にとってわかりやすいという利点がありました。しかし、たとえば80点を取っても他の子どもが90点ばかりだと「２」とか「１」が付いてしまいます。点数至上主義や受験戦争への批判も高まっていたため、どの子どもたちもその努力を正当に評価しようということで絶対評価が導入されました。

絶対評価では「達成度」が大きなポイントになります。定期テストの結果はその達成度を算出する根拠になります。また、点数だけでなく努力や取り組みのプロセスも評価されます。たとえば、提出物や授業への積極的な姿勢など、直接点数に表れない観点も評価の要素として加味されます。

こうした、考査以外の項目については、ある程度各教員の裁量に任せられており、この評価を中途半端で不適切なやり方でおこなうと、評価全体に矛盾が生じ、生徒や保護者の不信を招きます。しかし、絶対評価導入に際しては研修も実施され、多くの雛形や運用方法も例示されており、それらを忠実に守っていれば、大きく間違った評価になることはありません。

**調査書**

高校受験で生徒の評価資料として在校する中学校から提出される「内申書」ですが、正式には「**調査書**」といいます。

調査書は、その生徒が中学校で取り組んださまざまな活動の内容が記されます。入学試験の際に試験結果と合わせて選考の資料となります。調査書には、3学年分の出欠の記録や部活動、委員活動などが記されますが、やはり判断材料として最も大きなウエイトを占めるのが、各教科の学習の記録、つまり**内申点**と言われる評定です。

内申点は、受験先から指定された一定の期間（たとえば、3年生の1、2学期をトータルする、3年生の2学期のみ、など）で算出します。基本的には通知表で示される評定（5段階評定の数値）と大きくは変わりません。調査書を作成するのは担任ですが、この評定は各教科担任が算出します。最終的には学年の先生たちで厳正にチェックされ、校長先生も出席した会議で承認を受けます。

調査書について、「先生に嫌われると悪く書かれる」などの噂がよく聞かれますが、そのような心配はないといってよいでしょう。

# PTAとPTA改革

**大きく様変わりしているPTA。学校によっても形が違うのですが、PTAについて教えてください。**

PTAは保護者（Parent）と教職員（Teacher）による組織（Association）の略です。学校に通う子どもたちのすこやかな成長のために、保護者と教職員、また保護者同士が協力しあってさまざまな活動を行う、**任意の社会教育団体**です。ほぼすべての学校にありますが、結成や加入を義務付ける法的根拠はありません。戦後、日本が軍国主義から民主主義国家に転換する際、教育の民主的改革を進めたいアメリカの方針を受け、当時の文部省（現文部科学省）がその普及を積極的にすすめたことがはじまりです。

各校のＰＴＡを**単位ＰＴＡ（単Ｐ）**といい、それらが市町村で連合組織を作り、これを**連Ｐ**と呼びます。たとえば、〇〇市ＰＴＡ連合会などといいます。その連Ｐが都道府県単位で連携し、さらに全国組織（日本全国ＰＴＡ協議会）を作っています。

単Ｐの活動は学校によって違いはありますが、主なものとして①運動会など学校行事の運営サポート、②地域イベントの運営やサポート、③子どもの健全育成を図る研修会などの運営、④子どもたちの安心・安全をめざした地域パトロールや清掃美化活動、⑤広報活動、などがあります。ほかに、所属する連合会から割り当てられた役割を担っています。単Ｐの多くは会長をはじめ各学年、各専門委員会の代表らで組織した**本部役員会**が中心となり活動します。そのもとで、活動内容に応じた**専門委員会**が組織されます。本部役員、専門委員を毎年公募しますが、立候補がいなければくじ引きなどで決めることになります。

女性の社会進出が進み、これまでのような形でのＰＴＡが維持できなくなっています。全国的に活動の見直しや組織の改革に取り組むＰＴＡも増えて、時代に合ったものに変えていく流れは大きなものになっています。

# 学校徴収金

**義務教育は無償とはいえ、実際にはさまざまな名目で毎月引き落としがあります。意外に大きな金額になるのですが、学校徴収金について教えてください。**

義務教育は無償（無料）ですが、実際には、公立の小中学校でも保護者が負担する費用は発生します。教育活動において、その利益が個人に帰するもの、たとえば、ドリルのような教材費、校外学習（修学旅行、遠足）の積立金、給食費、卒業アルバム（記念写真）代などがそうです。これを**学校徴収金**と言います。

費目によっては現金徴収する場合もありますが、保護者の利便性を考慮し、負担すべき費用の年間総額を10回に分けて、5月から毎月口座振替（引落し）で集金する場合が多いようです。この他にも、制服や体操服、カバンなど学校指定の用品を

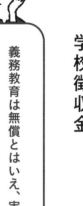

そろえるのにも、結構なお金が必要になります（指定用品については自由化する傾向にあります）。

学校徴収金をめぐっては、まず未納問題があります。給食費を含むことが多いので、特定の家庭の都合が全体の児童生徒に影響を与えることや先生が早朝、深夜まで取り立てに走り回ったり、仕方なく立て替えたりすることが問題となりました。対策として、給食費を無償化したり、徴収業務を外部委託する自治体が増えています。

もう一つの課題は、金額の高騰化とばらつきです。さまざまなものが値上がりするために仕方がない部分もありますが、特に教材などは学校や担当教員の裁量で決まるので、コスト意識をもってきちんと精査することが求められています。

# 通学区域制度

**卒業間近に引っ越すことになり、困っていると「通学区域制度」を紹介されました。どのような制度ですか。**

一般に公立の小中学校の場合、どの学校に通うかは「校区」で決まります。子どもたちの就学先は、各市区町村の教育委員会が決めた校区に基づき指定されており、原則として子どもたちは、指定された学校へ就学しなければなりません。この制度を**通学区域制度**と言います。

もし指定された学校をどうしても変更したい場合は、保護者が教育委員会に申請し、その事由が「相当である」と認められた場合のみ、変更が可能になります。基本的には、学校を選択する機会は保障されていません。しかし近年、子どもや家庭の状況に応じて柔軟に対応するケースが増え、例外のパターンをルール化するようになってきました。また、「学校選択制」として、一定の条件下で学校を選ぶことができるような地域もでてきました。たとえば、いじめなどの人間関係やトラブルがあり再発が予想される、指定校より通学距離が近い、身体的障害などへの対応施設がある、進路への配慮から卒業まで暫定的に在籍を認める、などです。この学校選択制にも種類があり、全く自由に選択できる、ブロックに分けその中から選択する、隣接する場合は選択できるなどがあります。

# 学校給食

**最近では中学まで広がっている学校給食ですが、いろいろな形態があり、味もちがうと聞きます。学校給食について教えてください。**

学校給食は**学校給食法**に基づいて小中学校、特別支援学校などで実施されます。栄養バランスのとれた食事で健康の増進をはかるだけでなく、食料の生産や流通に関する正しい理解、望ましい食習慣の定着、伝統的な食文化の理解など、**食育**の機会にもなっています。学校給食の提供のされ方は、地域や学校によって異なります。

**自校調理方式**は学校の敷地内の調理室で調理したものが提供されます。輸送に時間やコストをかけず、適温で提供できます。また食育や、学校が避難所となった場合の2次利用などもできます。

**センター方式、親子方式**は複数の学校の給食を1つの給食センターで調理し、専用の配送車で配食する方式です。少子化で学校規模が小さくなる中、施設・設備・人件費や給食事務を合理化し経費を節減できます。しかし、料理を適温に保つことが難しい、メニューなどを各校の実情に合わせにくい、施設建設の費用がかかるなどの欠点もあります。センター方式と似たものとして、中学校の給食を近くの小学校で一緒に調理し配送する「親子方式」もあります。

**外部委託（デリバリー方式）**は外部の給食業者に委託し、食缶や弁当箱で提供します。民間の施設を利用するため設備投資費用や人件費を抑制できます。食缶の場合はセンター方式とほぼ同じような対応になります。弁当の場合は、配膳が短時間で対応に柔軟性を持つことができますが、保存の問題で、副食を冷蔵保存するために食味が損なわれる欠点があります。子どもたちからも不評のため、弁当方式の採用は減っています。

給食費は自治体にもよりますが、ほぼ**1食300円前後**です。基本的には保護者負担ですが、さまざまな援助制度があり、最近では無償化も進んでいます。

# 食物アレルギーへの対応

**うちの子は食物アレルギーがありますが、学校ではどのような対応をしていただけますか。主治医も含めたチームで関わってもらえるのでしょうか？**

アレルギーには平成20年に文科省の監修で関連法人が作成した「学校のアレルギー疾患に対する取り組みガイドライン」に基づいて対応することになっていますが、その後も事故が続き、文科省は平成25年に「学校給食における食物アレルギー対応に関する調査研究協力者会議」を設置し、翌年に再発防止のための最終報告を取りまとめました。この中で、ガイドラインの徹底や教職員に対する研修の充実、関係機関との連携などを各校に求めることになりました。

具体的には、まず実態把握を行います。入学時に「食物アレルギーに関する調査

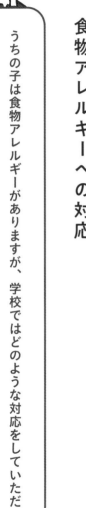

表」を配布し保護者に記入してもらいます。また、幼稚園・保育所からの引き継ぎ情報も活用します。アレルギー対応が必要な子どもは、保護者から主治医などに依頼してもらい「学校生活管理指導表」を記入してもらいます。それを元に、担任や養護教諭、管理職などが保護者と面談し「食物アレルギー個別取組プラン」を作成します。プランは学校の全教職員で情報共有し、アナフィラキシーなどへの緊急対応に備えます。各校は緊急対応マニュアルを作成し、必要に応じてエピペンの使用なども含めたシュミレーション訓練も実施します。実際の食事は、基本的には子どもが自らの判断で原因食品を除去しながら摂ります。それが困難で危険が大きい場合は、**除去食（調理段階から原因食品を除く）、代替食（予定される栄養価などを損なわない範囲で他の食品で補う）、弁当（家庭で調理）持参**となります。給食以外にも、食物や食材を扱う授業や活動では配慮が必要です。調理実習は当然ですが、牛乳の運搬導線、小麦粘土使用、そば殻を使った授業なども注意が必要です。運動誘発アナフィラキシーの場合、運動前後4時間以内は原因食品の摂取を避ける必要があります。この他に修学旅行など宿泊を伴う活動では、保護者や宿泊先と事前に十分な情報交換をします。

# 不登校

**ママ友から子どもが不登校だと相談を受けました。とても困っている様子。不登校について教えてください。**

学校に通うことができない子どもが増えています。そのような子どもたちの状況を**不登校**といいますが、厳密には「心理的、情緒的、身体的あるいは社会的要因・背景により、登校しないあるいはしたくともできない状況にあるために年間30日以上欠席した者のうち、病気や経済的な理由による者を除いたもの」と定義されています。

不登校の原因については、人間関係の悩みやトラブル、学習を含む学校生活への不適応、家庭環境など、さまざまです。具体的に類別できることもありますが、基本的には原因が複合していたり、明確でなかったりするケースも多々あります。

令和3年度の統計では小学生が約8万人、中学生が約16万人で、9年連続で増加し、中学生は20人に1人が該当する状況です。ここに定義である「30日以上の欠席」とカウントされていない不登校傾向の子どもたちを加えると、数字はさらに大きくなります。

このような状況の中で、学校は不登校や不登校傾向の子どもたちに対して、できるだけ柔軟な対応をしています。教室に入るのが難しい場合は、別室を用意したり（**別室登校**）、時間を工夫して自宅でのリモート学習を支援するような試みも当たり前になっています。中学校卒業後の進路に関しても、多様な選択ができるようになっています。

# スクールカウンセラー

友だちのこと、学校でのことで悩みがあるときはスクールカウンセラーに相談するように紹介されましたが、「先生に筒抜けのようで抵抗がある」と子どもは言います。スクールカウンセラーについて知りたいです。

不登校やいじめ、親子関係、学習などさまざまな問題や心の悩みを抱えた子どもたちが増え、その対応が学校の大きな課題となっています。こうした状況に対処するため、学校内にも専門的なスキルを持った外部の専門家を配置し、相談や支援を行ってもらっています。このような人たちを**スクールカウンセラー**と言います。

１９９５年度から文科省によって試行的に配置が始まりましたが、学校現場からのニーズがとても高く、年々拡充されてきました。現在ではほとんどの中学校、高校に配置され、小学校も中学校を拠点とする形で配置が進んでいます。

スクールカウンセラーは、公認心理士や臨床心理士などの資格が必要です。大学や大学院などで指定の科目を履修したり、資格試験に合格したりすることが条件になります。その上で各自治体の教育委員会の公募に採用されれば、学校で働くことができます。専門である心理的な分析やそれに基づくアプローチなどの技量に加えて、先生、保護者、関係機関との連携においても大きな役割を求められます。具体的な仕事内容は、標準的なパターンとして各小中学校には週に1日の割合で常駐します。子どもからは成績や友人など学校生活のことを中心に、家庭生活のことまで、様々な相談を受けます。また保護者からも子育てや子どもの接し方などについての相談を受けます。事前に予約する形ですが、相談者が望む場合は徹底して守秘義務が守られます。また、逆に、望む場合は必要に応じて学校や教員へ相談内容を伝えることもします。

また教員の相談も受けたり、学校の生徒指導の会議に出席して専門家としてのアドバイスも行ったりします。さらにＰＴＡや地域の研修会にも参加することがあります。

# 適応指導教室とフリースクール

**不登校気味の我が子は、担任から適応指導教室を紹介されました。校区内にはフリースクールもあり、迷っています。ちがいを教えてください。**

不登校児へは、各市町村の教育委員会は**学校以外の公共施設**を活用し、学習などの支援をしています。これを**適応指導教室**（または教育支援センター）といいます。公民館や児童館の1室を利用し、主に退職した先生や心理カウンセラー、ボランティアの学生などが子どもたちと向き合います。そこでは、基本的に子どもたちの意向や状況を最優先に活動内容が決められます。学習に関しては、指導者からマンツーマンで教えてもらったり、自主的にプリント課題に取り組んだりします。また、仲間とのコミュニケーションに重点を置いて、カードゲームや創作活動をしたり、卓球などの運動も可能な範囲で取り組みます。基本的には学校への復帰を目的としていますが、それぞれの子どもの状況に応じた柔軟な支援を実施しています。本人やその保護者が在籍している学校と相談し、希望すれば通うことができます。同じ教育委員会管轄の施設なので学校との連携がスムーズで、適応指導教室に来室すれば、登校扱いとして出席日数にカウントされます。

いろいろな事情で適応指導教室にも通うことができない子どもが、民間のフリースクールに通うケースも多くなっています。

フリースクールは、不登校児に居場所を提供する目的で、個人やボランティア団体などが運営する民間の教育機関です。それぞれの方針や理念に基づいて運営されるため、フリースクールによって活動内容はバラバラで、かかる費用もさまざまです。

昔は不登校児も学校に復帰させるべきと考えていた学校ですが、２０１８年には「教育機会確保法」が施行され、学校復帰を前提とせず、それぞれの居場所での多様な学びの形を認めていく考えが定着しています。そのため、校長先生が認めた場合には、フリースクールへの登校を出席扱いにする流れも生まれています。

# 特別支援学級・通級指導

**特別支援学級に在籍させるか、通級に通わせるか、迷っています。ちがいを教えてください。**

**特別支援学級**とは、小・中学校に設置されている障害のある子どもたちを対象にした学級です。

教育課程は、法律によって特別なものに編成することが認められています。特別支援学級は、通常の学級と同じように担任が配置されますが、障害種別編成となるため、違う学年の子どもたちといっしょになります。また、それぞれの状況に応じて、必要な教科や行事は、通常の学級で一緒に学びます（**交流学級**などと呼ばれます）。

特別支援学級に入るためには、市町村の教育委員会が設置する**就学支援委員会**が、障害の程度や状況、子どもや保護者の意向、専門家の意見などを考慮して総合的に判断します。その上で都道府県(政令市は単独)の教育委員会が最終的に決定します。

**通級指導**は軽度の障害を持つ子どもたちが、通常の学級に在籍し、ほとんどの活動に参加しながら、一部の時間だけその障害に応じて特別な指導を受ける制度です。障がいの種別で分かれており、必ずしも在籍する学校に該当する教室があるとは限らないため、他校に設置されている教室に通うこともあります。主な障がいは**弱視、難聴、肢体不自由者、情緒障害者、自閉症、学習障害など**です。知的障害については、一部を特別の指導で行うといった形態にはなじまないため、通級指導の対象とはなっていません。

通級指導は学校の責任によって、一人ひとりに応じた特別の教育課程を編成して指導を行います。学級担任は、通級指導の教員や保護者と定期的に連絡を取り、情報を共有するとともに特性をしっかりと分析、認識しなければなりません。その上で綿密な個別の支援計画や指導計画を作成することが大切です。

# 発達障害

**最近、障害を細かい分類することで、発達に課題のある子どもたちが増加しているように見えます。わかりやすく発達障害について教えてください。**


**発達障害**は、生まれつきの脳の働き方の違いや偏りによって起こる障害です。

幼少期のうちから行動面や情緒面に特徴が現れます。そのために日常生活において、しばしば困難を生じ保護者が育児の悩みを抱えてしまうケースもよくあります。

発達障害は外見からわかりにくく、その症状や程度もさまざまです。特に学校では、「わがまま」「我慢ができない」とされ「困った子」「手のかかる子」と思われてしまうことも多いのが現状です。ただ、状況を理解し、本人や家族・周囲の人が特性に応じた日常生活や学校での過ごし方を工夫することで、逆に特性を生かしたり、困難を軽減させることも可能であるとされています。発達障害は次の3つに分類されます。

コミュニケーション能力や社会性に関連する脳の領域に関係する発達障害

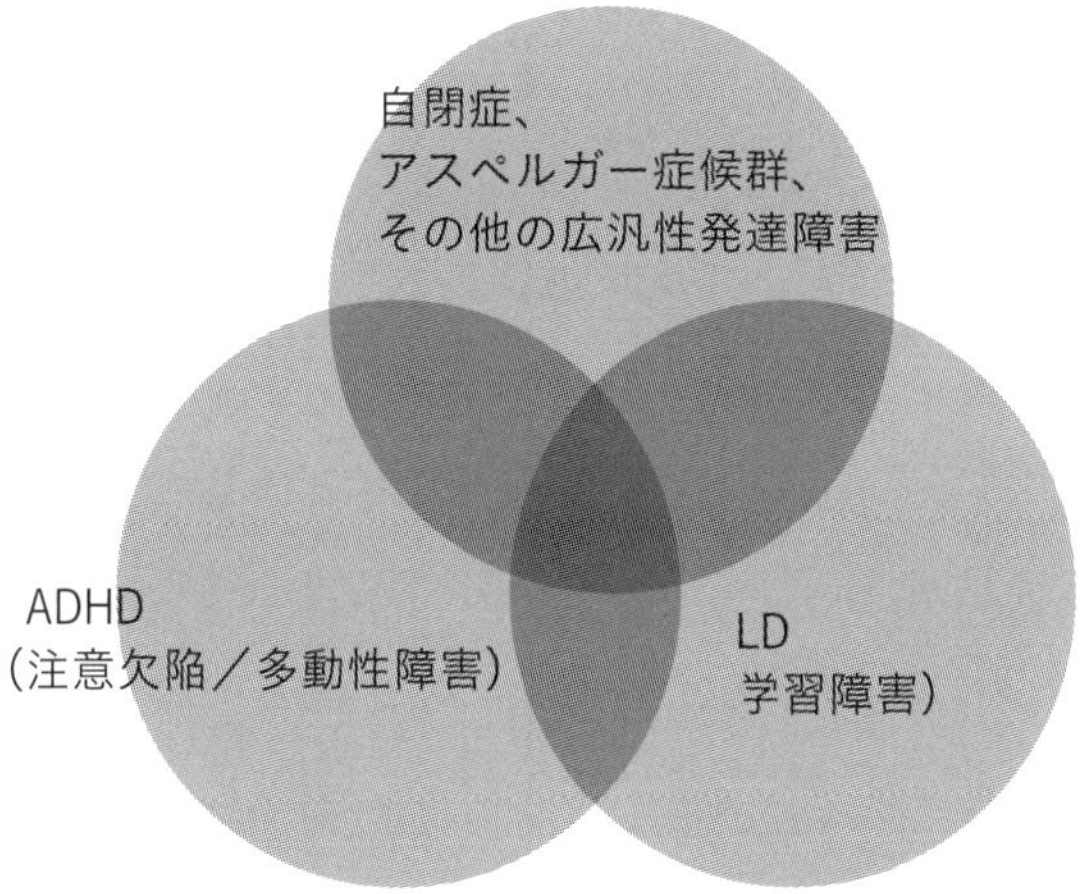


思考より行動が先になり、物事に集中できない特性の障害

知的発達に大きな遅れはないものの、聞いたり話したり読んだり書いたりなど特定の学習に著しい困難を示す障害

# 部活動

**中学生といえば部活動。「練習はほぼ毎日、帰宅も遅い、ただし指導料は無料、いろいろトラブルもあるけど我慢も礼儀も身につく」と保護者にはありがたい存在。そもそも部活は学校でどんな位置づけなのですか？**

日本の中学校、高校では当たり前のように取り組まれている部活動ですが、実は学習指導要領の示す「教育課程」に**規定はありません**。学校がその教育的意義を考慮して自主的に計画し取り組む「教育課程外」として位置づけられているのみです。したがって学校は、部活動を必ず設置し運営する義務を負っていません。教育活動の一環なので、少しでも多くの子どもたちにとって有益なものとなるように努力しますが、場所や予算、顧問の状況などによって実施に制限が加わることは問題ありません。

しかし、部活動が学校の特色の一端を担ったり、一部の高校や大学が入学選考で優遇することなどを背景に、活動が過熱してきました。本来は生徒の自主的な活動とされているにもかかわらず、強制的な内容が標準的なものとなり、生徒や教員へ過度な負担となり問題になっています。

そこで、部活動の過熱を防ぐためにスポーツ庁は、**「運動部活動の在り方に関する総合的なガイドライン」**（平成30年）を策定しています。その中で、部活動は週あたり2日以上の休養日（少なくとも、平日1日以上、土日1日以上）を設けることや、1日あたりの活動時間は長くとも平日で2時間程度、土日は3時間程度とすることなど、具体的な基準が定められています。また、文化部の活動についても文化庁が、**「文化活動の在り方に関する総合的なガイドライン」**を策定しています。

そのような部活動ですが、令和8年度をめどに学校から地域や社会に移行することになっています。詳しくは98ページを参考にしてください。

# いじめ

**いじめのニュースが流れるたびに、我が子がいじめられたらどうしようと心配になります。いじめについて教えてください。**

いじめの定義について、以前、文科省は「自分より弱い者に対して一方的に、身体的・心理的な攻撃を継続的に加え、相手が深刻な苦痛を感じているもの」としていました。しかし、平成18年からは「**一定の人間関係のある人物から、心理的もしくは物理的な攻撃を受けたことにより、精神的苦痛を感じているもの**」としました。そして、いじめの判断はいじめられた子どもの立場に立って行うように徹底されました。そのときの子どもたちの関係や背景などが先入観となっていじめの本質を見過ごさないように、最大限配慮することになりました。

その後、年々いじめの認知件数が増加したこととともに、「大津市中２いじめ自殺事件」など重大化するいじめ事件をきっかけに、平成25年に**いじめ防止対策推進法**が成立しました。この法律で、いじめに対する学校や教育委員会の対処方法や責任が明確化されました。

学校では、「いじめは人間として絶対に許されない」「いじめられている子どもを必ず守り通す」という基本姿勢で、いじめは重大な人権侵害であるとともに、犯罪行為であるという認識を子どもたちに伝えるようにしています。同時にいじめは、どの学校にも、どの学級にも、どの子どもにも起こりうるものとして、未然防止と早期発見に力を入れています。

# モンスターペアレント

**保護者からのどのような言動が学校にモンスターペアレントと受け止められるのか、とても気になります。この言葉がちらつき、「モンペと思われたら辛いですが」って学校と話すときの枕詞になりそうです。**

非行問題が少し落ち着きを見せ始めた平成10年ごろから、一部の保護者が学校に対して理不尽な要求やクレームを繰り返す現象が見られ始めました。そうした保護者が「**モンスターペアレント（モンペ）**」と呼ばれるようになりました。元小学校教員が作った和製英語です。

モンペが現れ始めた背景については、保護者の利己的な思考と「お客様意識」の高まりがあると言われています。また、核家族化などで保護者が孤立することによるストレスや、高学歴化することによる教員への差別意識の高まりなどを指摘する意見もあります。いずれにせよ、こうした保護者にも学校が粘り強く対応することが原則となっており、大きな労力を要するようになっています。

学校が苦慮する例として、「音楽会では我が子にピアノを弾かせてください」「集合写真の写りが悪いから撮り直してください」「席は窓側がいいので、席替えをやり直してください」「修学旅行先は親戚がいる東京に変更してください」などの単純な要求から、「あのときの担任の一言が不登校の原因なので、毎日家庭訪問をして勉強を教えてください」「あのときの指導は不適切だったので、教師を辞めるとの念書を書いてください」など、対応しきれないものまでさまざまです。

一方で、こうした現象の認知が進むと、単なる学校への問い合わせもモンペ扱いされないかと不安がる保護者が生まれるなど、別の課題も生んでいます。

# モジュール

**授業を10分、15分に区切り、短時間で実施することで集中力を高めながら演習に特化する取り組みがあるらしいのですが、どのようなやり方ですか?**

一般的に授業時間は小学校では45分、中学校では50分を1単位として規定され運用されています。そして、学習指導要領によって年間の標準総授業時間数が、小学校1年生が850時間、2年生が910時間、3年生が980時間、4年生から中学3年生までが1015時間と決められています。合わせて各教科の時間数も示されています。しかし、2002年の完全5日制の導入により、授業時間の確保は厳しい状況になり、時間割もとても窮屈なものになっています。

そこで、授業を分割してより合理的な運用が可能になるように工夫する動きが出てきました。これを**モジュール**といいます。もともとモジュールという言葉は部品を意味しますが、10分や15分の授業を設定し、短時間だからこそ集中力が発揮できるような学習に取り組んだり、逆に準備などに時間を要する実習や実験のときには10～15分を加えて授業を構成したりしています。これまで朝の学習として15分程度取り組んできたものを、計画的に実施することで3回分が1時間単位にカウントできます。このようにモジュールの活用は、子どもたちの理解を促進しながら、過度な負担を軽減する狙いで実施されています。

# 外国人児童生徒への対応

**海外から転校生がきました。全く日本語がわからないそうです。どのように日本に馴染んでいけますか？　学校としてどのような受け入れ体制がありますか？**

１９８０年代のバブル経済下で労働力不足が露呈し、その解消のために外国人労働者を積極的に受け入れるようになりました。出入国管理及び難民認定法の一部が改訂されたことで、特に南米諸国から日系三世とその家族に就労制限のない在留資格（定住資格）が与えられたことにより、外国籍の子どもが急増しました。この時点から、外国人児童生徒の主流は、韓国、朝鮮籍や中国籍などのアジア系から南米系へと移ります。２０２０年の法務省統計では、日本国内に居住する在留外国人は約２９０万人に上り、入管法改正の30年前と比較して約3倍となっています。

１９９１年に、文科省が初めて実態を把握するため「日本語指導が必要な児童生徒の受入状況等に関する調査」に取り組むようになりました。２０２１年の報告では日本語指導が必要な外国籍児童生徒数は、全国の公立小中高等学校、特別支援学校を合わせ、５万１１２６人在籍し、10年間で1・5倍になっています。

そのため、学校は指導体制の確保や充実が大きな課題となっています。特に日本語指導については、学習言語としての習得が難しく特別な教育課程が必要です。また多様化しているそれぞれの母国語や母国文化に誇りを持てる支援も求められています。さらに将来的に定住を希望する子どもも多く、進路の確保も必要です。多くの自治体では、保護者も含めた相談機関を設置したり、日本語教室を開設しています。また巡回、訪問して支援するサポーターやボランティアを各学校に派遣してきめ細やかな対応を実施しています。学校はそれぞれの子どもたちの状況に合わせて、各支援事業を組み合わせながら教育活動を行っています。ただ、学校はこれまで統一したカリキュラムを基本として運営されてきたこと、現在、働き方改革として新たな取り組みを導入する余裕がないことなど、厳しい状況にあることも事実です。

# 学童保育

**保育園に午後7時まで預けて働いていましたが小学校入学により、子育てと仕事の両立の難しくなる「小1の壁」を実感しています。頼みの綱である学童保育について教えてください。**

学童保育所（放課後児童クラブ）は、放課後の留守家庭の子どもたちを預かる施設です。小学校の空き教室や敷地内、学校の近くに設置されます。自治体が設営・運営する**公設公営**、運営だけを民間に委ねる**公設民営**、民間が設営し運営する**民設民営**があります。最近は公設公営を財政的理由で民営化する傾向にあります。

学校と関わりが深いですが、学童保育は厚生労働省の所管で、教育委員会の管轄ではありません。そのため、学校はその運営に関与しません。平成24年に児童福祉法が改正され、自治体が学童保育の基準を条例で定めることとされました。その後「放課後児童健全育成事業の設備及び運営に関する基準」が策定されると、学童保育所にも一定水準の質を確保するため**放課後児童支援員**という資格ができました。一定の条件をクリアした人で都道府県が実施する研修を受け、取得できます。

①利用料　公営の場合、1カ月約5000円程度です。民営はオプションとして長時間利用料や英語など特色のある活動の費用があり、数万円かかる場合もあります。

②利用時間　放課後の下校時間から17〜18時ぐらいまで。民営なら22時まで利用できるところもあります。長期休暇中は午前中から開所します。

③対象　法律（児童福祉法）により、6年生までの児童。

④申込　公営の場合は自治体に、民営の場合は直接施設に申し込みます。地域によっては待機児童があり、必要性や緊急性から優先順位を決めて入所決定します。

学童保育の需要は年々増え、予算や場所、指導員のなり手不足が課題になっています。規定の広さや人員が確保できない施設もあります。一方、公的補助を受けず高額な利用料のもとサービスがエスカレートする民間学童もあり、多様化が進んでいます。

# 第2章

## 令和の学校がわかる保護者のQ＆A

保護者の方々と意見交換していると核心を突いた質問を受けることがよくあります。校長でも、すぐに返答することが難しいような質問、できたら話題にしてほしくないようなな質問も多々ありましたが、そこから逃げると意見交換の意味もありませんし、保護者とともに学校の方向性を考えていくことになりません。この章で紹介するやり取りは、そうした問いへの回答だけでなく、学校と保護者が本音で語り合っている関係性にも注目していただき、学校運営を保護者とともに行っていくことはどのようなことなのかも考えていただけたら幸いです。

**「学校の先生」は実は超多忙！ということがいろいろな発信からわかってきました。「保護者対応」がその大きな一因とも言われ、気軽に先生に相談しにくくなりました。なぜ先生は忙しくなったのですか？**

日本の教員は子どもについて校内外で関与するために、どうしても勤務時間が長くなりました。しかし、時間だけを捉えて多忙化というなら昔からあったことです。それが最近になって大きな話題になっているのには、２つの要因があると思います。

１つ目は、教員の勤務実態が数字ではっきりと表されるようになったためです。実は教員の勤務時間についての定義はとても曖昧なものでした。時間外に勤務しても給与などに反映されない仕組みが作られてきたために、正確に勤務時間を記録したり（記録することにはなっていますが……）、意識することがなかったのです。しかし、多忙化見直しの機運が高まる中で、他の職種と同じように在校時間（職場に滞在する時間）を勤務時間と認定するようになり、タイムカードを導入する自治体も急増し、勤務実態が数字として明確になってきたのです。結果、過労死ラインとされる月80時間（週20時間以上）の時間外（残業）勤務をしている教員がコロナ禍前の統計では小学校で3割強、中学校で約6割を占める事実がはっきりし、大きなインパクトを社会に与えました。

2つ目は、若い教員がSNSなどを活用して勤務実態を積極的に発信するようになったためです。「教師のバトン」というハッシュタグを使った発信や、「働かせ放題」というフレーズも定着してきました。これまで教員が躊躇してきた問題提起が堂々と行われ、学校内部のことが表に出るようになったのです。教員も一人の労働者としての思いや意見を伝えはじめ、さらにこのような動きを受けて、マスコミも連日、教員の悲惨な勤務実態を取り上げるようになったことが社会の興味関心を高めています。

しかし、多忙化を理由に保護者が過度に学校に対して遠慮する必要はなく、逆にそのような姿勢が、学校と保護者のひずみを大きくし、かえって多忙化を助長してしまうことになります。忙しいことと必要な連携をしっかりと区別することが大切です。

**金八先生ではないですが、「厳しくも優しくも本気で付き合ってくれた恩師に今も感謝してる話」は、よく聞きます。そのような経験を羨ましく思います。一方で最近は、教員の心的要因での休職率の高さが目を引き、そんなゆとりはなさそうです。先生の意識やモチベーションが変わってしまったのでしょうか。**

昔も今も教員そのものは本質的には変わらないと思います。ただ教員を取り巻く環境が大きく違ってきています。昔は学校現場に限らず社会全体が現在ほど労働時間や環境に厳しくありませんでした。学校現場もおおらかな雰囲気に包まれ、細かな規定や義務が教員へのプレッシャーとなることは少なかったように思います。教員が多少の失敗をしても、目くじらを立てて怒られることもなく、一部の子どもや保護者に不満があったとしても、決してそれらが表面化して大きな問題になることはありませんでした。よくよく考えれば、土曜日も授業があった時代で、中学校では日曜に部活指導をすれば、１カ月以上休日なしの状況です。生活時間の多くを学校で過ごすことが普通であり、その空間はある意味で「自由」でなければ、精神的にも続かなったと思います。

ところが、平成に入って、学校や教育をめぐる事件や特異な現象がマスコミなどで話題になると、そのたびに管理に責任を負う機関（文科省や各教育委員会）が規定や規則を設定し、学校現場に導入されました。「●●管理規則」「〇〇対応マニュアル」とやるべきことが数冊の本になるぐらいに細かく規定され、結果的に教員の「自由」がどんどんなくなりました。教員も人間なので失敗することや忘れることもあるのですが、「子どもの人生が台無しなった」などと保護者のクレームや要求がエスカレートし、一度の失敗も許されない緊張感が漂うようになりました。同じ長時間労働でも、一から十まで義務としてやるべきことが並べられた中では心身ともにすり減ってしまいます。学校が果たすべき義務や負うべき責任が増大すれば、それに比例して人を増やしたり合理的に処理するシステムを作り上げたりしないと、パンクするのは当たり前のことです。

保護者が学校の外から見る景色は昔とさほど変化ないですが、学校の内側では同じことをするにもそのプロセスで大きな労力を要するようになっています。

**分散登校で少人数授業を経験してからは1学級あたりの子どもの数を少しでも減らしてほしいと思っています。「そもそも先生が足りていない」というのができない理由です。定年退職者が増えることは、世代構成からわかっていたことなのに、今さらな感じがします。先生が足りない理由は何でしょうか？**

今の教育現場で1学級あたり何人が適正なのか、見方はいろいろありますが、より少ないほうが丁寧な対応が可能になることは間違いありません。少なくとも諸外国と比較すると日本の1学級あたりの児童数は極めて多いです。具体的にはOECD諸国（32か国）の中で小中学校ともに2番目に多く、欧米諸国と比較すると平均で約1・5倍児童数が多いです。しかし、財務省の見解は、「より少ない人数による学力的な効果が曖昧でその必要性を実証できない」というものです。確かに学級規模が小さいヨーロッパの国々の国際学力調査「PISA」が必ずしも日本を上回る結果が出ていません。ただ、日本の学校が直面しているのは学力の課題だけではなく、学力比較だけで片付けるのは、議論から逃げているとしか思えません。

コロナ禍で分散登校による少人数での学校生活が、思わぬ形で実現しました。想像以上に落ち着いて学校生活を送ることができ、少人数への評価や要望が高まり、ようやく段階的に２０２５年までに小学校で35人学級を推進していくことが決まりました。ただ、たとえ35人、いや30人になっても、現在、学校が置かれているような状況が続くのであれば、おそらく学校が抱える課題の解決は難しいと思います。

また、教員の過酷な勤務実態が周知された結果、教員不足や教員採用試験の倍率低下という現象に表れてきました。特に教員不足は深刻で、学習するべき内容を履修できない子どもたちが全国各地で多数存在し、有効な手立てがないまま、そのしわ寄せを学校現場の教員が担うという悪循環に陥っています。ここまでくると教員の数を増やすことは大きな政治課題です。政治を変えるまでに時間がかかるのであれば、行政が学校業務の整理をしっかり行うべきです。文科省はいまある業務が学校が担うべきものかどうかの指針をだしていますが、これに強制力をもたせるべきだと思います。

**教職はブラックとはいえ、休職制度など手厚く安定した公務員職です。それなのになぜこんなに教員離れが進んでいるのでしょうか？**

「教員離れ」の最も大きな原因は過酷な労働実態が広く知られるようになったことだと思います。「土日も休めず、日々の労働時間が10時間を越える」「残業手当が出ない」といった労働条件に加えて「保護者からの圧力や要求がすごい」「管理職からの細かな指導や指示が多い」といった精神的なプレッシャーも重くのしかかっています。これらを早急に改善していくことが急務です。

ただ、時間的に忙しかったのは今に始まったことではありません。私が教員になった昭和の終わり頃と比較すると最近は大きく改善されています。それでも教員離れが進むのは教員の仕事内容に魅力がなくなったからです。特に、子どもたちとの関係において若い人たちが教員を志すイメージと現実がかけ離れてしまっています。ミスが許されない雰囲気、責任を回避したい教育行政、それを受けて教員と子どもたちの関係がどんどん無機質なものになっています。多忙化が進む中で、一定の結果を出すには合理的で画一的な指導が選択され、何から何まで細かなルールを規定し「子どもたちをしつける」といった発想が広がっています。若い教員が子どもたちと楽しそうにしていると「甘やかしすぎ」、担任する子どもたちが少し羽目を外すと「指導力がない」となります。こんな状況でやりがいを感じるはずがありません。

将来的にはさらなる少子化で教員採用の競争率は若干回復する予測が出ていますが、学校の労働環境を改善しない限り、教員の質の低下は継続すると思います。これまで日本の教員は、その待遇のわりに優秀な労働者が集まり、高い水準の教育が実現してきたと言われています。逆に、社会がそのことに甘んじて対策をしてこなかった無策さがここにきて露呈しているのかもしれません。また、教職にプライドを持つ教員が多かったからこそ、次々に増える業務に対して一定の線引きもせずに受け入れた結果が裏目に出ているのかもしれません。いずれにせよ、このままでは、日本の将来にも禍根を残す結果にもなりかねず、早急に対応していくべきだと考えます。

**同じ学校に、驚くほど親身になってくれる先生と、驚くほど児童に居丈高な先生が、性別や年齢に関係なく混在しています。「あたりはずれ」といわれないためにも校内で先生の質を統一できれば安心できるのですが……。**

学校教育が一部の思想や思考に偏らず、また過度な強制を受けないよう、教員の独立性は非常に大切に扱われてきました。そのため検定教科書の使用と校長によって決められた（実際は各教育委員会が統一した）教育課程や日程以外は、ほぼ教員それぞれで自主的で自発的な教育活動ができるとされています。上司にあたる校長、教頭でも、命令口調で指示することはほとんどなく、逆に何をするにも、教職員に事前に相談しながら同意を得て、慎重に物事を運びます。このやり方が十分に機能してきたからこそ、日本の教育がしっかりとしたものになったのは間違いありません。

ただ、教員も人間なので得手不得手があり、その資質や能力にも差はあります。それを補うために、これまでも「チーム学校」として取り組んで、結果的に教員の資質の違いが大きく問題になりませんでした。あるいは、社会や保護者が教員の資質の差を容認していたというほうが正解だと思います。今度の担任は「あたり」とか「はずれ」と言われながらも、「まあ、仕方ないなあ」で終わっていたのです。

しかしこれからは、それぞれの子どもや家庭の多様性を受け止めながら個別の対応や指導が求められ、教員の高い専門性が求められます。教員は独立性を担保され、より幅広い裁量の中で研鑽を積むことが可能なだけにその責任は重く、それぞれが最低限の結果を出すだけの能力を身に着ける努力が求められます。それを客観的に図るシステムも重要で、子どもたちや保護者による調査（アンケート）は必須です。残念ながらまだまだ学校には、教員が子どもたちの上位にいるからこそ学校の秩序を保つことができるとの認識があります。もし、アンケートによって子どもたちが教員を評価すると単純な人気投票になったり、秩序の崩壊に結びつくと危惧する教員もいます。しかし、現在の子どもたちや保護者は、冷静かつ的確に現状を分析し評価できます。社会全体がすでにそのような仕組みになっているからです。学校を特別な場所にせず、ＰＤＣＡサイクルが正常に機能するようにしなければなりません。

**4月の始業式では、新しい学級や担任について、子どもたちは一喜一憂します。過去にトラブルがあった子どもとは希望すればクラスを離してもらえると聞きますが、実際はどうクラス分けをしているのですか。**

クラス分けは子どもたちができるだけ多くの友人とふれあい、多様な体験を通じて成長することを目的に実施されます。クラス分けには保護者の方々が想像する以上に時間をかけています。まずは、どのクラスも学力が均等になるようにベースとなる形を作成します。その上で、それまでの人間関係などを中心に配慮すべきことを確認しながら入れ替えていきます。最後に全体をながめながら気になる点について細部まで点検し、決定します。

昔は相対評価だったため、特に中学校では各クラスの学力が均等でないと内申点において大きな不公平が生じてしまうことから、学力面での配慮が中心でした。さらに、合唱コンクールの伴奏のためにピアノが弾けるとか、リーダーとして活躍するために生徒会執行部であるなどの条件で均等にしたり、同姓や男女比等も考慮してきました。しかし近年はそんなことよりも圧倒的に人間関係を重視します。

教員はそれぞれの子どもたちに関して、これまで確認した情報を細かなことまで出し合います。ほとんどの子どもに何らかの制限や条件がついてしまい、逆にノーマークな子どもは少数です。ただ、そうなると組み合わせを考える時にシーソーのようにこちらを立てたらあちらがだめになる……ということを繰り返していきます。また、数年前まで遡って情報を確認する必要があります。この1年に全く問題がなく大丈夫だと認識していても、実は4年前に家族も巻き込んで大きなトラブルがあり、同じクラスなんてありえない……などということもあります。中学校であれば小学校時代のことまで考慮することになります。特定の人間関係しか許容できなくなっている子どもたちが増加している中で、クラス分けはとても気を使うものになっています。もし、クラスの成員次第で学校生活に支障がでるのであれば、学校に相談をしてください。

**学校には日常的に荒い言葉づかいや頭ごなしの命令口調を使う先生がいて、子どもにかかるストレスが気になります。「あの先生のキャラだから」と黙認されている様子なので、管理職の先生から注意してほしいです。**

そのような力量不足の教員が存在することは極めて残念なことです。教員に最も大切な子どもたちとの信頼関係の構築を放棄しているわけですから、論外です。「おまえら、やらんかい、なめてんのか、おこらすな」……など、街中で普通に使えない言葉は学校内でも使えないことや、子どもたちに使った言葉は必ず保護者にも伝わることを認識できていません。

そしてこのような言葉づかいやそれを使う教員を看過している教頭や校長といった管理職は、さらに不適格です。教員が子どもや保護者から信頼を失うことは、結果的に大きな問題にも発展する可能性があり、学校にとっても、その教員個人にとっても不幸なことです。管理職は自分の感覚や憶測ではなく、事実に基づく理由や根拠をしっかりと提示して改善を求めるべきです。

教員の資質向上については、各研修制度が整備されているものの、やや形骸化している側面もあります。何より、日常の業務をチェックする体制が学校にないことも大きな問題です。

学校評価活動として児童生徒や保護者にアンケートを実施して教育活動の振り返りに活用する制度が始まって20年近くになります。しかし、威厳を保ちたい教員は子どもたちから評価を受けることを極端に嫌がります。そんな教員に忖度をして、管理職がアンケートにうしろ向きな学校も少なくありません。きちんと制度化し、「学校の常識は世間の非常識」と言われないようにしなければなりません。

**中学校では、わけのわからない校則があります。「中学生らしさ」といった曖昧な基準はだれが判断するのですか？　納得できない規則も守る必要がありますか？**

昭和の時代には、多くの中学校が校内暴力で苦しみ、校内秩序の回復が大きなテーマでした。「外見の乱れは心の乱れ」と、頭髪や服装に厳しい基準と運用を求めました。例外は許されず、抜け道も徹底的に排除され、やんちゃな子どもたちは注意されればされるほど逆らい、「反抗↓締め付け↓反抗↓締め付け」と、いたちごっこの状態でした。ただ「荒れた学校」を目の当たりにする保護者たちからは一定の支持を得て、平成に入ってからもこうした校則は残されたままでした。

最近の「ブラック校則」といわれる校則は、昭和の名残を色濃く残しています。現在、学校での問題行動は大幅に減少し、細かな規定の必要性がなくなっています。逆に子どもの人権に関する意識も高まり、校則の必要性について学校に説明が求められるようになりました。そこで登場したのが「らしさ」基準です。頭髪規定で

「なぜヘアピンは黒か紺なのか」「なぜツーブロックはだめなのか」という疑問に対して答えはありません。それでも校則から大きく逸脱したくない学校は、これまで積み上げてきた内容を「らしさ」として基準にするしかなかったのです。「らしさ」について判断するのは、最終的には子ども本人ですが、同調圧力の強い社会では当事者でない人たちの考えが押しつけられがちです。本来なら「らしさ」を判断するのは子ども本人であり、子どもを金髪だからという理由だけで学校から強制的に排除することなどできません。

社会にはルールがたくさんあり、嫌なことや納得できないことでもそれなりに対応しなくてはなりません。それらを見越して中学校では厳しいルールでも従う姿勢が求められるのだという意見が、先生にも保護者にも少なからず存在します。ただ、多様性を認めていく社会で価値観がバラバラなものを一つの方向に向かわせることは限界があります。働き方改革の議論にも通じるのですが、学校が本来すべきことを見直す中で、校則のあり方も大きく変わっていくと思います。

**宿題について、その意義や担任間のばらつき、保護者の関わりなど疑問に思うことが多いのですが、宿題の持つ役目は何でしょうか？**

宿題の持つ意義や目的は、学力の向上や家庭での学習習慣の定着です。しかし、最近では、そのような効果よりもマイナス面を指摘する声が高まっています。

学力向上、つまり授業の補完的機能を求めるのであれば、本来はそれぞれの子どもの習得状況に即した内容にしなければなりません。しかし実態は単純で反復練習のような宿題が一律に出されることが多いです。多忙な先生が学力に応じた宿題を作る時間的余裕などなく、学習が苦手な子どもでも一定取り組むことができる内容にするからです。

また、学習習慣の確立を目指すのであれば、余計に子どもたちが興味や課題意識を持って自主的に取り組める内容にする必要があり、仕方なくやらせることに意味はありません。それでも未熟な子どもたちなので、保護者が支援することで習慣の確立を図ることが可能になる側面もありますが、定着していない子どもほど支援を受けることができない家庭環境にある、という皮肉な現実もあります。

先生による宿題の違いですが、最近は同じ学年内で一定の統一を図るようになっています。ただ学年が違うとそこまで打ち合わせをしません。そのため、兄弟で宿題の量が大きく違うとか、去年は少なかったのに今年はすごく多い、というようなことはあります。宿題が明確な目的を持ち授業と連動するなど計画的に実施されていれば、同じ学校でこのようなことは起こらないと思います。

最後によく聞かれるのが、夏休みの自由研究や作品の課題についてです。保護者の補助が必要で、大きな負担になり、中学校だと成績に関係するとなれば、その公平性にも疑問を投げられます。保護者が手伝う可能性がある課題は評価対象にすべきではないので、そこは学校がはっきりさせるべきです。逆に保護者にもいっしょに考えてほしいこと、積極的に関わってほしいことは、そのように伝えるべきです。学校で補うことができない部分を保護者が担ってくれることは大歓迎であり、それが学校とは少々違った手法でも問題ありません。

**授業参観でクラス内の学力差が年々広がっていると感じます。塾などでは学力に応じたクラス編成や個別指導ができます。公立の学校では、わからない子どもたちにただ忍耐強く座っていることを求めているようにみえますが、どう考えますか。**

下のグラフは、ある公立中学校の3年生の1学期実力考査（英語）の得点分布グラフです。見事に2こぶが現れています。正規分布だと平均点あたりを頂点として、きれいなグラフになりますが、そうではありません。特に積み重ねの教科である数学・英語にこの傾向が強いようです。数年前から小学校に英語活動が入り、習い事として英語に親しむ生徒が増え、数学は算数から脈々と学習内容が引き継がれ、すでに中学校入学時には、完璧な2極化が進んでいます。40人学級の一斉授業は限界があり、その弊害

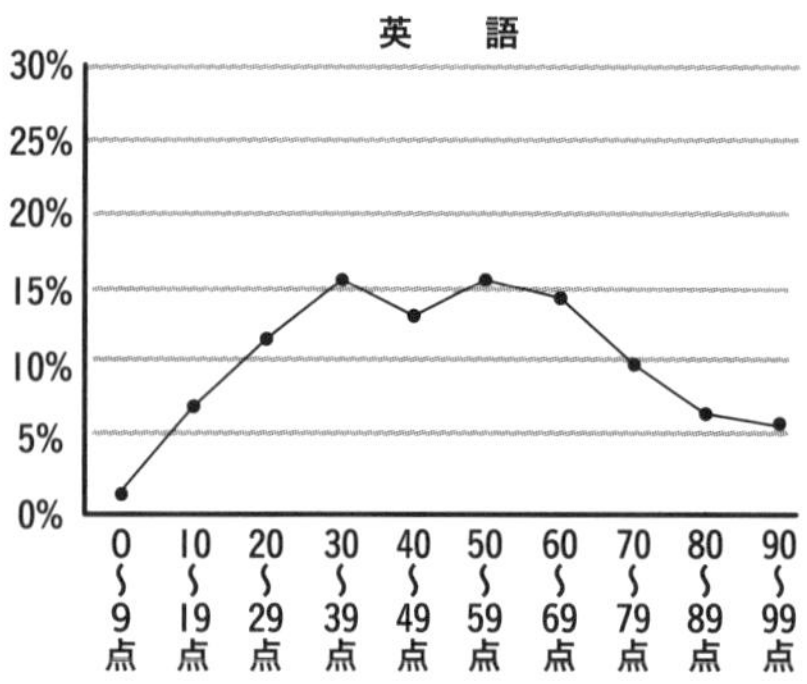

は年々拡大しています。たとえば3年生の数学のある授業を想像してください。カリキュラム的には、2次方程式やそのグラフについて学んでいるのですが、学級には1年生の内容である文字式の計算がおぼつかない生徒が10人程度存在します。この生徒たちはなんとか迷惑をかけないように、姿勢を維持することで精いっぱいです。顔を伏せてしまうことがあっても仕方のないことかもしれません。英語でも単純な文法も理解できていない子どもたちが、現在完了や分詞構文にポイントをおいた長文にチャレンジしても、ほとんど蚊帳の外です。結局、授業は課題を有する生徒を基準にし、決められた教科書の学習内容を表面的に確認する程度のものになりがちです。先へ進みたい生徒は塾などへの依存をさらに強めます。積み上げの教科である数学、英語（特に中3年生において）については、最低でも学級を2つに分割した習熟度別編成が必要です。私が実践していた取り組みを紹介するので、参考にしてください。

私は希望制の習熟度別編成にチャレンジしてきました。3年生の数学・英語の授業をすべて10人と25人に分け、10人の学級では、カリキュラム進行を工夫して、1

年生の内容にも随時もどりながら子どもたちが主体的に取り組むことができる授業を実施し、25人の学級は通常通りのカリキュラムで実施しました。特に10人の学級を運営する教員には熱意と技量が求められますが、生徒たちがお客さんにならず、学習に積極的に向き合っている姿はとても感動的でした。あくまでも生徒と保護者の希望で編成するのですが、先輩たちから評判を聞いたのか年々10人学級の希望が多くなっていきました。そこには劣等感の上塗りとか生徒間の断絶、差別といった、大人たちの勝手な危惧は全くあてはまりませんでした。生徒たちも工夫次第でがんばることができるし、がんばりたいのです。毎年、卒業式の日に、その10人の生徒たちが担任の次に駆け寄るのが、1年しか付き合いのなかった10人学級の担当の先生でした。生徒たちにとっては、進路のことも含めて自分たちを大切にしてくれたことを、心から感謝しているようでした。

この習熟度別編成のチャレンジもここまで取り組んでいる学校はほとんどありません。結局、教員の負担、免許、評価の問題などの課題が克服できず、普及していません。この取り組みについて否定的な批判をしようと思えばいくらでもできます。

それで多くの校長がしり込みするのですが、目の前の困っている生徒をどうするか？という問いには沈黙してしまうのです。特に、現場を理解しない人たちは、単純に当該の教科の教員を増やせばできると考えるのですが、それも大きな間違いです。「定数」というルールの中で実現するために、学校全体で体制を作る必要があります。すべての教員が、課題を抱える子どもたちをなんとかしたいと考えなければなりません。ポイントはそこであり、結果的には生徒たちに思いを寄せるかどうかが勝負です。ハードルが高くとも優先順位で考えると、拡大する学力差を日常の教育活動の中で埋めてこそ、生徒たちがいきいきと学校生活を送ることができると考えます。

**不登校の子どもたちは増え続けており、学校外の居場所が認められるようになりました。不登校児に対して、学校はどのような心構えが必要でしょうか？**

年々、不登校生の生徒の数は増えています。そうした生徒に対して、教員も保護者も無理に登校させないことが一般化しています。これまでの学校教育は、子どもたちを一定の価値観に基づく枠組みにうまく順応させることが大切であり、それが学校の求められている「指導」との考えが根強く残っていました。しかし、価値観そのものが変化し、目指すゴールも異なってきている以上、子どもたちへのアプローチの仕方は、少なくとも画一的ではなくなっています。もし「登校するけれども教室へ入れない」なら別室を用意し、教員が丁寧に対応することが当たり前のようになってきました。

一方、それに対応する学校や教員の負担は増え、教員の多忙化につながっています。

大切なことは学校がすべてを抱えようとせず、柔軟な発想とともに可能な限り外部の協力を得るように発想を転換することです。しかし、その場合注意点がありま す。たとえば、最近急増しているフリースクールですが、不登校になった経緯のなかで学校とトラブルを抱えたり、敵対までしなくても否定的な認識に終始したりする場合も少なくありません。フリースクール側も、まずは子どもの現状を受け入れる努力の中で、学校のあり方を肯定しにくいこともあり、対極的な立ち位置になってしまいます。これまでならあえて連携するのではなく距離を置く傾向が強かったのですが、これからは、どちらが主導権を握るのかといったことでなく、悩み苦しむ子どもや保護者に関わるパートナーとして認識することが必要になってくると考えます。特に学校は、「何が何でもやらねばならぬ」とか「子どもや保護者とはこうあるべき」という考えを捨てるべきです。不登校の子どもたちのあり様は千差万別で、助言や支援のタイミングもそれぞれ違います。子どもたちにより自然体で柔軟な発想で向き合うことが大切です。

**子どものクラスは学級崩壊しているようです。担任の言うことを子どもたちは全く聞かず、保護者も不満や不信ばかりです。状況的に担任の先生に同情する部分もあるのですが、どうしたらいいでしょうか？**

学級崩壊とは、子どもたちが先生の指導に従わず、勝手な言動を繰り返すことで授業が成立しなくなる状況です。その程度や状況、さらに原因や背景はさまざまで、複雑に絡み合います。まずは関係者が詳細を把握し問題点を整理、共有することが大切です。ただし、関係者といっても担任自身に問題があったり、崩壊の中心にいる子どもの保護者と他の保護者が対立するなど、調整が難しいこともあります。中立な立場の保護者が学級全体の利益のために、中心となって動くことが極めて効果的です。

学級崩壊は学習機会の喪失という大きな課題なので、早急に管理職から状況説明や対策案を聞き出す場の設定が必要です。その時、できるだけ多くの保護者を集め、誰かを犯人にするのではなく、全体の正常化のために働きかけます。そして学校がやること、各家庭でやること、保護者が学校に協力することなどを協議し、実行していく必要があります。協議を進めるうえで大切なポイントは、「担任の指導力」です。若い教員の場合、周囲からの支援やアドバイスで対応できます。難しいのが中堅以上の教員が担任の場合です。担任による理不尽な対応が積み重なり子どもの不満が爆発して学級崩壊に至っていることがあり、修復は難しいです。このような場合は、担任の交代も含めて抜本的な対応が求められます。

次に、「子どもの特性」もポイントです。崩壊の中心になっている児童に発達障害などがある場合は専門家の指導やアドバイスも必要で、その保護者の協力が不可欠です。また、「保護者」の立ち位置もポイントです。崩壊の中心にいる子どもの保護者には、申し訳なく思っている人、逆に学校や先生の指導が悪いと考える人もいます。また、他の保護者も無関心な人、該当保護者や児童を忌み嫌う人、学校や担任に不信を抱えている人などさまざまです。ただ、学級崩壊を好ましく思う人はいないので、正確な情報を提供し、対立があっても保護者全員で同じ方向を目指すように促すことが必要です、そのためにも、情報共有が大切になります。

## 教員不足で担任が足りず、教頭先生が兼ねている……そんなギリギリの状況で「個別最適な学び」なんてできるのでしょうか。欲張りすぎではないでしょうか？

今、学校が最も困惑しているのが、令和2年度から全面実施された新しい学習指導要領と現場との矛盾です。この学習指導要領は、特に貧困、特別支援、外国籍、不登校などの諸課題について個別に対応し、子どもたちそれぞれの能力や可能性を伸ばしていくことを求めており、さらに多様な子どもたちを誰一人取り残すことなく育成する「個別最適な学び」として、すべての子どもに基礎的・基本的な知識・技能を確実に習得させることを目指しています。ちょうどコロナ禍と重なり、この指針に基づく対応と結果がすぐに学校現場には求められることはなかったのですが、今後は必ず検証が行われます。

現状でも教員不足と多忙化を極めている学校現場は、日常業務をこなすだけで限界に近く、さらに丁寧な対応が求められても難しいことは明白です。確かに個別に対応することが必要な子どもたちが増えており、子どもの人権という視点でも学習指導要領の方向性は正しいのですが、それらが実現するための環境整備が追い付いていません。まさに「絵に描いた餅」です。最近の保護者の皆さんは賢明なので、この内容を見聞きしたときに、「なんて素晴らしい方針だ」とか「ぜひ実現してほしい」と素直に思う人は少ないようです。少しでも学校現場の状況を知っている保護者なら、逆にあまりの乖離に不安を抱いてしまうかもしれません。どれだけ理念が正しくても、すばらしい設計図を描いても、実行されなければ意味がなく、責任の所在を曖昧にして、結果的に振り回されるのは子どもたちです。

教員を増やそうという世論は大きくなっていますが、現状では財政上の問題などを理由に実現されていません。そんな中で、それぞれの子どもたちの個性を尊重して丁寧な指導をするには、教員以外の人たちによる関わりが必要です。特に保護者の協力は不可欠です。そのために学校はこれまで以上に開かれた運営を行う必要があります。

**個別な指導や支援とは、普通学級に通っている児童生徒も対象ですか？　学校から私の要望を聞かれたことはありません。要求の激しい家庭には丁寧になり、黙っている家庭は放置されるのでしょうか？**

今、学校現場では一人一人を大切に丁寧な指導をし、さらに特別な支援を必要とする場合には個別指導に重点を置くことが求められています。これを場当たり的ではなく持続可能なものにするためには、根本的な意識改革やシステム変更が必要だと思います。それぞれの子どもたちが必要とする指導や対応はもともと定量化することが極めて難しく、成長の中で日々変化し振れ幅も大きいので、「丁寧な指導」のゴールなど見えません。計算や漢字といったわかりやすいもので、一応の指標を作ることも可能でしょうが、それらは求められる教育の一部分でしかありません。

また、昔は手のかかる子どもや保護者が一定数存在したものの、その影響力は限定的で、彼らへの特別な配慮が他の家庭の不平不満にはつながりませんでした。しかし、すべての子どもたちの特性をきちんと分析・理解し、程度の差こそあっても、それぞれへの個別な対応を標準化すると、物理的な限界にすぐに達してしまいます。もともと教員が提供できるサービスには限りがあるので、シーソーのようにどちらかに力点を置けば一方は軽くなってしまいます。

「一人一人」という考え方は、支援がほとんど必要ではない子どもたちもしっかりと対応することであり、そのことを疎かにはできません。特に何事もきちんとこなして、自分の意思もはっきりと伝えるような子どもは放置されがちですが、最近は、そのような子どもであっても突発的な行動に出て、周囲を混乱させることが少なくありません。

現状では児童への個別な指導と働き方改革の兼ね合いについて、特効薬はありません。学校現場が旧来の前例踏襲の枠組みのなかで解決策を探ろうとすれば、当たり前になっている授業形態や時間割などを根本的に見直さなければ、この議論は前に進まないでしょう。

**働き方改革が言われていますが、学校は変わりそうで変わらない印象です。教育委員会や校長先生には、思い切って改革をしてほしいです。学校を変えるためにはなにが必要でしょうか。**

学校のさまざまな取り組みは、必要な理由があっても、その効果の検証は不十分と言わざるをえません。「当たり前」「やるべきこと」として暗黙の了解のもと実施されているケースがほとんどです。それでも最近は聖域を設けず見直しをするような機運も高まりつつあります。しかし、何とか議論のスタートにこぎつけても、最後は例年通りに決着することがほとんどです。「教育的配慮」という超法規的な判断や、逆に無理にでも継続すべき理由を探し出そうとする教員がいるためです。

最も欠如しているのは管理職のリーダーシップであり、それを後押しするべき教育委員会の当事者意識です。誰しも責任は回避したいし、変えることで生じる負担は負いたくありません。「とりあえず今年だけ」という中途半端な議論になったときこそ、校長が最終責任者として思い切った決断をしなければなりません。それなのに、職員会議に最高意思決定機関のような役割を与えて、あくまでも納得を求めます。教育現場という特殊性から、可能な限り職員のコンセンサスを得ることが民主的な運営であると考え、このような仕組みが作られてきました。同僚性を大切にしながら、組織として動く場合では有効なのですが、大きな変更や前例のないものに対応しにくく、改革が必要なタイミングでは大きな足かせともなりかねません。働き方改革のような議論は総論賛成各論反対の典型的な議論となり、ほとんど前に進みません。だからこそ、このような校長を後ろから押してあげるような機関が必要になっているのです。そして、その機関として期待されるのが、学校運営協議会（コミュニティスクール）や保護者会（ＰＴＡ）です。学校運営協議会は地域や保護者の代表が参加し、学校運営に関わります。また、学校は定期的に子どもたちや保護者にアンケートを実施し、結果を踏まえて教育活動を振り返り、この会議で意見をもらうことになっています。ＰＴＡも学校運営に関与する活動にシフトされつつあります。保護者や地域の人たちに、学校を変える後押しが期待されています。

**学校の教育活動、特に行事や部活動などには感謝しています。多忙解消のための縮小や削減も仕方ないと理解もします。ただ、いざとなると保護者たちが、「よりによって我が子のときでなくても」と気持ちを切り替えるのは難しいです。「先に他に減らす業務はないの？」と。なぜこんなことになってしまったのでしょう？**

教員の多忙化の原因や責任については、子育てに関わる多くの部分を学校に押し付けてきた社会全体の問題と思います。しかし、学校側にも責任はあります。教育活動（主に学習指導）にも役立つとの認識から必要以上に行事を派手にしたり、本来担うべき役割ではないことまで手を広げて、家庭からの信頼を得ようとしたりしたことです。一度広げたことは徐々にそれが基準となり、次から次へとエスカレートしていくことになってしまいました。このような経緯で拡大した業務ですが、いつのまにか依存度も極めて高くなり、多忙化だからと言って学校の都合だけで一気に削減できるものではなくなっています。また、部活動も含め、現在、教員が担っている教育活動は、それなりの理由で裏付けられ、相互にバランスを保ちながら形成されてきた経緯があり、単純に学習成績や一部の目標達成状況などで優先順位を付けたり、仕分けすることは容易ではないのです。

学校や教員は多忙化の純粋な被害者ではなく、ある意味、それに加担した加害者でもあります。深く丁寧にやろう、何時でも対応しようとする姿勢は貴重ですが、それらを持続性やその他の視点から総合的に判断してこなかったことも事実です。教員個々の判断として許容することと、その責任において学校という組織で対応することの線引きがなかなかできてこなかったのです。

教員の多忙化を解消するには、思い切った業務の見直しが必要です。学校側の都合だけで推進せず、子どもたちや保護者の同意や納得を得て進めなければなりません。今後、「働き方改革」というキーワードが学校への圧力となるでしょう。学校は現在の業務を精査し必要な教育活動を見極め、取りやめる活動について保護者に丁寧に説明する必要があります。ＳＮＳなどを活用し、保護者と積極的なコミュニケーションをとり、学校の現状を知ってもらう努力が大切です。

**子どもたちにとって部活動は大きな存在です。今の地域移行のやり方では、部活に入らない子は増えるでしょう。今後、部活がどうなるか心配です。**

特に、中学校での時間外労働は深刻なものになっていますが、その中心は部活動です。令和4年度現在、休日に部活をした場合の手当は4時間以上で約4000円、4時間未満は支給されません。たとえば丸一日、練習試合に引率、指導しても、4000円の手当のみ。会場への交通費も自腹です。一方で、その際に起こるトラブルには責任が発生し、最悪なケースでは懲戒処分の対象にもなりかねません。この理不尽な状況で、ほとんどの中学校教員は部活動の顧問として、日々奮闘しています。

もともと、部活動は家庭環境によらず、どの生徒も取り組むことができる日本独特の仕組みであり、生徒の心身の健全な発達に大きく寄与するとともに教員の献身的な働きによって維持されてきました。

娯楽が少なく、価値観もそれほど多様化していなかった時代、保護者は部活動に「心身を鍛える」「我慢することを覚える」「集団性を高める」などの成果を期待していました。したがって自分の子どもがレギュラーになる、ならないなどの苦情はほとんどありませんでした。しかし、最近は、子どもや保護者の「お客様意識」が高まっています。「満足できて当たり前」「嫌な思いは一切受け入れない」と、わが子への想いだけを強く前面に押し出し、さまざまな配慮を求めるようになっています。まるで部活動を英会話教室やスイミングスクールのように考えています。こうなると教員が抱えきれません。

文科省は休日の部活動指導を教員以外に移行するなど模索しています。部活でスポーツや文化活動を体験したいのか、上達して将来的にも深く関わりたいのか、興味はないけれども同調圧力から参加しているだけなのか。今後は、放課後や休日にこれまでのように身近な場所（学校）で、教員から無料の指導を受けられる部活動はなくなる……という覚悟が必要です。そして学校も、これまで学習指導や生徒指導の代替として部活動を位置づけていましたが。今後はそのような活用はできないことや、勤務時間の中で子どもたちの学習能力を伸ばすという本来担うべき教育活動に重点を置くことを、認識しなければなりません。

**中学生活といえば進路。気になる評価や内申点に関して受験生になるまで、詳しく知る機会がありません。塾に通うメリットに情報量の多さもあげられています。評価、内申書について教えてください。**

基本的に中学校の通知表は「1～5」の5段階で評価され、評価方法は絶対評価です。絶対評価とは、示された基準に対してその到達度によって評価される方法です。絶対評価の基準として観点別評価という方法が取り入れられています。「知識・技能」「思考・判断・表現」「主体的に学習に取り組む態度」の項目が、「A～C」などの3段階で評価されており、通知表にもその評価が記載されています。そして、この観点別評価をもとに5段階評価が決められているのです。

したがって、テストで100点を取っていたとしても、授業態度や提出物などに問題があれば、「主体的に学習に取り組む態度」の評価が下がるため、通知表では5がつかなくなります。このような点がどうしても子どもたちや保護者から見えにくく、不平不満に繋がりやすいようです。

通知表の評価は高校受験時の内申点につながるため、疑問や不信があれば、納得のいく説明が求められます。特に芸術教科、実技教科と言われる音楽、美術、保健体育、技術家庭ではよく保護者が説明を求めてきます。日頃から子どもや保護者から信頼される教育活動を展開しておれば、評価に関するクレームはありません。結局、評価への不信は日頃の教育活動、教員への不信なのです。

内申点は、この評価を一定の期間（たとえば、3年生の1、2学期、3年生の2学期のみ）で算出し、中学校から受験する高校へ送られ入試の判断材料の一つとなります。基本的には通知表に記す5段階の数値がほぼそのまま内申点になるので、通知表の段階からきちんとした根拠に基づく評価をして説明責任を十分に果たす必要があります。また「内申」という言葉の響きが秘密裏に何かを伝えるようなイメージを持たせてしまいますが、最近では情報公開の観点からとてもオープンになっており、子どもたちにとって不利になる記述はしません。学校からすれば隠すことやましいことはありません。疑問があれば気軽に問い合わせることが必要です。

**学校に聞くと「教育委員会の指示が……」、教育委員会に聞くと「学校長の判断で……」と何も進まないことってあります。教育委員会と学校の関係について教えてください。**

具体的な学校運営は学校が行う一方、教育委員会は学校の設置者であり、法律の規定に基づいて学校を管理し、その経費を負担します。そのため、日本の学校教育はあらゆる点で教育委員会の意向が大きく反映されます。公教育は平等で公平性が担保されなければならず、どの学校に通っても同じ内容が求められます。長年、各学校はそれぞれ独立した存在でありながら、護送船団方式のように教育委員会に守られ同じ方向を同じ速度で進んできました。

ところが学校現場や地域の状況の違いが大きくなったことや、社会情勢に合わせて保護者の価値観がかわってきたために、教育委員会が一から十まで決めていくやり方は現実的でなくなっています。個別な対応が優先される風潮の中で、本気で各学校が主体性を発揮しなければならない状況になってきました。

学校現場のこのような過渡期に、ちょうどコロナ禍に見舞われました。未知のウイルス流行で長期間の休校となり、学びの保証をどうする？　リモート授業は？　校内の感染対策は？　学校独自の力が試されました。

しかし、従来の学校現場での物事の決まり方は前例踏襲をベースに微調整するスタイルです。そして教育委員会のお墨付きがなければ大きな変更はできません。目まぐるしい変化に対応できず、判断に迷うことは教育委員会と学校が互いに牽制しあってきました。今後、学校独自の判断を迫られるケースは確実に増えます。文科省も学校裁量権の拡大を目指しています。前述のように学校と教育委員会の役割（主導権）は明確で、教育委員会は予算や法律に基づく大きな枠組みを決め、各学校は学校運営の具体的な内容について決めます。保護者が疑問に思ったり要望することは一義的に学校が対応するべきです。その対応が不十分だったり膠着する場合は、教育委員会が介入することも考えられます。質問のように保護者が混乱するのは、学校が主体的に運営されず説明責任を果たしていないときだと思われます。

**「校長先生が学校を変えた」事例を紹介する本が人気ですが、「やりたいことはあるのに実際はなかなか難しい」と自校の校長先生が言っていました。本当のところはどうなのでしょうか？**

校長が学校運営を円滑に進めるための根源は教職員人事です。校長は教育委員会に意見を出して、教育委員会から教員が配当されます。ただ、どの校長も、求める教職員は「優秀とされる人」「なんでもこなしてくれる人」です。教育委員会は個々の学校の運営方針などを考慮するよりは、配当する教職員の資質・能力の学校間バランスを取ることに主眼を置きます。教職員の配置に対する校長の権限を拡大し、校長が教職員の能力や業績を適切に評価し、指導することが必要になります。

もともと、教育課程の編成や休業日の設定など校長の権限は広く認められていましたが、教育委員会の承認が必要なため、どうしても各校が独自に設定することはほとんどありませんでした。学校も教育委員会に統一してもらったほうが責任もなく楽なので、特に異議もなく従ってきました。ただ、隣接する学校でも抱える課題や児童生徒の実態については微妙に違いがあり、学校運営の細部にわたって全く同じということも逆におかしなことです。今後、あらゆる変化に柔軟に対応できる学校を目指すためにも学校裁量を拡大し、隣接する公立学校が教育活動で一定の違いがあっても問題にならない環境づくりが必要です。

また、学校予算について、運営費その他経費がほぼ公費であること、保護者から徴収した準公費も公的な性格が強いとの判断から、学校が使用する費用はがんじがらめの制約があり、およそ各校が独自の色を出すために使われることはありません。使途や会計などで問題となることを防ぐ意味では無難な手法ですが、ここでも学校力の向上のために、使途を特定しない総枠内で予算執行や裁量的経費の設定など学校裁量の拡大が必要です。このように、これからの時代には学校運営全般に校長の裁量権を拡大しなければなりません。そんな力量がすべての校長には備わっていないとの教育委員会の懸念も大いに理解できますが、やらせることで身につくこともあるはずです。学校の活性化には、校長のしっかりとした力量が必要です。

**最近は小学生の授業中の立ち歩きや先生への反抗など、小学校が中学よりも指導が難しくなっているように思えます。小中学校の違いも含めて教えてください。**

近年、中学校では問題行動が激減していますが、小学校では「学級崩壊」が大きな課題となっています。主な原因として、発達障害への対応が難しくなっていることなどが指摘されます。そのような児童もいずれは中学校へ進学するわけで、年齢的な経過によって症状が緩和されることもありますが、生徒指導への考え方や体制、対応に校種間の違いがあるためにこのような現象になっています。

中学校はかつて「学校荒廃」に苦しんだ経験から、生徒本人だけでなく保護者に対してもさまざまなケースに対応できる組織や体制を構築し、警察や福祉施設などの関係機関との連携ノウハウも確立してきました。幅広く柔軟な発想のもと、とにかく子どもたちやその保護者の気持ちを掴み、学校の想いが少しでも通じるルートの確立に全力を挙げているのです。しかし、小学校から見れば、その結果の一部分でしかない「きちんとしている」ことが大きく映り、「きちんとさせる」ことが生徒指導の最優先事項になっています。生徒にとってはまさに逆効果で、悪循環です。

小学校では「学級崩壊」は「担任崩壊」であり、担任個人の資質や能力にその責任を負わせてしまいがちです。教科担任制がなく、学級担任がほとんどの教育活動をするため、担任が焦るのは仕方ないのでしょうが、そうなると、教員はさらに子どもたちの一挙手一投足に振り回され、とにかく「きちんとさせなければ」となってしまいます。子どもたちの小さなイレギュラーを許さず、個々の違いを認めず、保護者とは距離を取り、ただ同僚の視線のみを気にしてしまうのです。

学校が落ち着き、子どもたちもきちんとしていることは素晴らしいことですが、教員の目標は、そこではありません。あくまでも、子どもたちがどれだけ成長できたのかが自分たちの教育活動のゴールで、そこへはさまざまなルートや手法が存在し、環境も含めて時には遠回りもあるはずです。学校が変わるには、やはり保護者が積極的に介入しなければなりませんし、働き方改革の流れが逆にさらなる暴走を許さないように注視する必要があります。

## 働き方改革や教員不足に対して、担任制を見直し、新しい取り組みをしている学校が目につきます。背景や狙いを教えてください。

教員不足の状況に教育委員会はあの手この手で解決をはかっています。中にはペーパーティーチャー（教員免許を持っているが実際に教壇に立った経験のない人たち）を掘り起こして急場を凌ぐようなことも始めました。採用のハードルも下がり、資質の低下は否めませんが、いないよりはましということのようです。他の業種と違って教員は担当する時間や学級が明確に分担されているので、他の教員がカバーできる範囲は物理的に限界があります。だから足りない部分の補充に必死になるのですが、それは旧来の枠組みの中でのことであり、思い切ってそこに手をつけることで、子どもたちに与える影響を軽減しようとする取り組みが学年担任制などです。これまで小学校では担任は固定され、4月から翌年の3月まで、学級のすべてを一手に引き受け学級経営にあたりました。年度の途中で担任が替わるのは産育休や病休のときだけで、特別なことでした。学年担任制は、一定期間で担任がローテーションし学年の教員全員で子どもたちを見ていくシステムです。これは教員と子どもたちとの関係を大きく変更するもので、教員と子どもたちのつながりが弱くなるとか責任の所在が曖昧になるなどのデメリットを指摘する声はありますが、複数の教員が日頃から関わることで、子どもたちの多様性を引き出し、各教員の個性や特性をうまく融合できるようなメリットも期待されています。学年担任制は単に複数で担任するというだけでなく、これまで以上に求められる打ち合わせの時間確保など、学校全体の仕組みを変えていく必要があります。

今、社会の中で普通になりつつある男性の育休取得、介護や育児の時短勤務は教員や学校でも例外ではありません。たとえば、4月に学級がスタートして9月から担任の男性教員が育休に入る、経験のある教員が12月から親の介護で午後からは勤務しない、というようなことが当たり前に起こっています。これまでのように担任をすれば何があっても3月まで責任を負うような勤務が想定されなくなってきており、教員不足が一定解消されても見直さなければならないことです。

**子どもが友人グループから無視されているようです。親としてどうすれば良いのか、誰に相談すればよいのかわかりません。必要なことを教えてください。**

学校は「いじめ防止対策推進法」という法律でいじめに対してさまざまな対策や義務が求められています。独自の「いじめの防止等のための対策に関する基本的な方針」を定め、具体的な取り組み（早期発見、対処法、教育相談体制など）を決めています。そのためのマニュアル（アンケート、いじめの通報、情報共有、適切な対処などのあり方）も作成し、これらは学校ＨＰなどで公開することになっています。

もし自分の子どもがいじめを受けている可能性があると感じたら、躊躇せずに学校に相談するべきです。窓口は担任ですが、信用できなければ教頭などの管理職にダイレクトに連絡してもかまいません。この時に注意するのは、電話でなく面談で伝える、子どもから事実をできるだけ具体的に聞く、子どもが何を望んでいるのか掴んでおく、面談のアポは子どもに連絡帳のような形で伝えさせるのではなく直接電話する、などです。基本的に先生は夕方まで手が離せないので、連絡や面談の設定は放課後がいいのですが、子どもに知られたくない場合や教頭と話がしたいときは、逆に昼間のほうがいいでしょう。

学校に出向いて面談するとき、保護者として学校に何を求めるかも考えておく必要があります。一般的には再発防止と謝罪になると思いますが、関係する子どもやその保護者の態度や考えによっては、決着が長引くケースも多々あります。一般の係争とは違って、事実確認がずれたときには、よほど客観的証拠や証言がない限り、加害者と言われる子どもたちが否定している状況で、被害者の主張どおりの加害行為を強引に認めさせることはできません。子どもなので曖昧な部分もあり、学校には検察官も裁判官もいません。ここがいじめの指導に関して学校が最も苦悩するところです。それでもいじめを訴える子どもに寄り添うために、もし認識が平行線になっても、「嫌な想い」「つらい思い」をしているという事実だけは譲らないようにします。その上で目に見える形でのなんらかの対応は必ずしますので、遠慮することなくまず相談してほしいです。

**価値観の多様化で、子どもや保護者の意識が大きく変化し、昔に比べると子どもたちにとっての学校の存在が軽くなっているように感じます。**

不登校の子どもたちがこの10年急増していますが、子どもたちにとって学校は、そんなに「嫌なもの」になっているのでしょうか。いったいどんな存在になっているのでしょうか。「学校ってどんなところ?」と聞いても、その時々の状況や、年齢、学年なんかで、いろいろな答えが返ってきます。その傾向に昔も今も大きな差はないように思います。ほとんどの子どもたちは、学校は楽しくもあり、めんどうくさいものでもあり、でも通うことが「当たり前」という認識のもとで過ごしています。大きく変わったのは、子どもたちよりも学校のほうかもしれません。それも学校が主体的に変わったのではなく、その場しのぎの対応を仕方なく繰り返すうちに、「学校」のアイデンティティのようなものを失い、とても曖昧な存在になってしまったように感じます。その曖昧さは、多様な子どもたちや保護者への柔軟な対応を目指す姿勢の裏返しとも言えるのですが、結果的には、多くの子どもたちにとって学校がかつてのような絶対的な存在でなくなっていることは間違いありません。

生徒指導を例に挙げると、最近学校は、ルールや行動面で他人に迷惑をかけない限り、子どもたちの意思を尊重する場所になっています。たとえば、特に明確な理由がないものの「今日は勉強する気にならない」と言われれば、事情を聴いたりなだめたりして、それでも意思が変わらなければ、早退する（なかなか保護者の理解を得ることは難しいですが）か別室で過ごす（学校にとっては先生の手が足りなく大変ですが）か、自席で静かに過ごすか、そんな選択になります。昔のように「やる気がなければ帰れ！」とか「保護者に連絡して来てもらう！」とか怒鳴られるようなことはありません。

これからの時代、学校はそれぞれの子どもの特性を見極めて個別対応が求められますが、そこにはしっかりとした意図や方向性が必要です。学校や教員が子どもや保護者から信頼を得ることができてこそ、柔軟な対応が可能になるのですが、その域になかなか達していないのが現状だと考えます。

**今の子どもたちを親世代の物差しで測ってはいけませんが、昔の子どもたちと比べて大きな違いはありますか？　また、どのように理解すればいいでしょう。**

「今の子どもは昔に比べて〜」というフレーズをよく聞きます。そしてその多くは「我慢ができない」とか「精神的にもろい」とか、子どもたちの忍耐力に関することです。しかし、実際はそこまで大きく違っているように感じません。むしろ、今の子どものほうが分別がしっかりできているように感じます。昔の子どもたちは、その持て余すエネルギーをわかりやすい問題行動としてぶつけていました。けんか、家出、喫煙、バイク……私は生徒指導を担当することが多く、何かあるたびに昼夜を問わず出動し、時には保護者よりも先に現場に駆け付け対応していました。その時の彼らは、我慢などしませんし、衝動的に動く点では、精神的にもとても不安定でした。本当に分別のかけらも感じられませんでした。このように、昔は表面的で派手な問題行動が多かったので、活動的に捉えられたのだと思います。それに対して今の子どもたちの問題行動は、ネット空間のような目に見えない場所で起こったり、陰湿な「いじめ」になっていたりすることがひ弱いイメージを作っているのかもしれません。いずれにせよ、子どもたち自身が昔と大きく変わったのではなく、その時々の社会環境に順応しながら行動様式を変えているだけです。ゲーム類の進化やスマホの普及によって子どもたちの生活は大きく変化しており、トラブルや問題行動もその影響を受けて当然です。

子どもたちへの対応を難しくなったと感じた時に、その要因を子どもたちに求めるのではなく、まずは自分たち大人の感覚を冷静に振り返ることが大切です。また、要因も明確なものがすぐに見つかればそれでいいでしょうが、いろいろと複合しているケースがほとんどなので、ひもを解くように整理し、子どもたちと向き合っていくべきです。「最近、子どもたちが〜〜のように変わったから難しくなり、しんどくなっています」と関係する大人たちは言い訳しますが、結局、子どもたちの課題として浮き上がっていることは大人や社会の問題でもあるのです。有効な対応のためにはこの視点が必要だと思います。

**絶対的な存在の親より、「友だち親子」が理想とされ、たとえば学校外で起こるSNSトラブルも「先生から指導してほしい」との要望が増えています。親としての覚悟や責任が良くも悪くも軽くなっていると、上の世代からの指摘もありますが、現場感覚でいかがですか。**

子どもたち自身は、そこまで変わっているとは思いませんが、保護者の考え方は社会とともに大きく変化しており、その影響で親子関係も微妙なものになってきました。親子関係において「理解」とか「信頼」ということが重視され、昔のように子どもたちを自分の所有物のごとく扱うのではなく、一人の人間として尊重することが求められています。この理念は、これからの社会において極めて重要で大切なことです。しかし、その一方で、「子どもに任す」という言葉の陰で保護者としてわが子の教育に当事者意識や責任感を持たず、放棄するケースも目立ちます。「理解のある親」でありたいのか、面倒臭いのか、さらには子どもに遠慮しているのか、子どものことに関して自信のない保護者、消極的な姿勢が増えていることも事実です。

社会全体が便利で落ち着いた雰囲気となり、争うことや執着することが少なくなり、それが親子関係にも反映されています。それがうまくいけばいいですが、子どもは昔も今も未熟な存在で、保護者など大人の支援が必要で、その支援もそれぞれに違います。子どもが成長していく過程で保護者と意見の対立があっても当然で、むしろ健全なことです。それを受け止める余裕がなくなっているのかもしれません。

少子化が進む中で、子どもは社会の宝でもあり、社会全体で育てる意識が必要とされています。次々に子育て支援策が打ち出され、経済的な支援は今後も拡充されていくと思いますが、この「社会全体で育てる」という点でも、保護者が本来的に果たすべき役割が薄れてしまうことを危惧します。確かに経済的なことも含め、何らかの事情で、役割を果たせない保護者も多く存在し、そのような場合には迅速に手厚く支援する必要は十分に理解しますが、「負担」と「保護者の役割」は必ずしも一致するものではなく、それらが同一にされてしまうと、子どもたちにとっては必ずしもいいことではありません。

**毎日正解のない子育てに悩みつつ奮闘しています。極端ですが、子どもに過保護なくらい関わるのと、本人に任せ口出ししないのと、どちらがよい子育てなのでしょうか。**

昔から、「過保護」という言葉で、子どもに干渉することや強制することは「悪」としてその弊害ばかりが強調されますが、やはり多くの子どもは保護者がしっかりと学習や生活を支援することで習慣化し、さまざまなことを体得します。極端な比較ですが、もし「過保護」と「放任」の2者選択なら、私は圧倒的に「過保護」を支持します。さすがに何でもかんでもしてあげる「過保護」は問題かもしれませんが、少し嫌がられる程度に寄り添う「過保護」は逆に必要なことだと思います。あまり子どもに干渉すると主体性や忍耐力の養成にマイナスになるとの指摘がありますが、結果として最近のおとなしい子どもたちが何事にも興味をもって主体的に取り組むには、精神的な余裕や準備、支援が必要なことも事実です。いろいろなことにチャレンジできる子どもは、幼少期からしっかりと保護者に支援されている場合が多いのです。そして逆に「放任」が、自主性や主体性を養うことができるように捉えられますが、現実的にはそこまで強く自立できる子は少ないように感じます。

ただ、子どもと適切に関わるにしても、生活（仕事）することに精いっぱいで、向き合う時間すらなかなか確保できない保護者も一定数存在します。そのような家庭には、福祉行政も積極的に関与し、少しでも当該の子どもたちが多様な支援を受けることができるように工夫しなければなりません。とにかく保護者が保護者として役割を果たす第1歩は適切に子どもたちと関わることであり、保護者自身が自分の時間を優先したり、変に「理解のある親」を装うことのないようにしなければなりません。「親子だから話さなくても伝わります」と言われますが、そのようなケースは極めて珍しく、やはり子どものことをしっかりと理解するには、それなりの関わりが必要です。自分の子どもだからこそ、わからなくなっている保護者も増えているようです。

**我が家の普通の要望は、学校にとってモンスター認定レベルかも知れない……と心配になることがあります。学校側の言い分を知りたいです。**

「モンスターペアレント」という言葉は、一般的に不当で理不尽な要求、要望を繰り返し、学校を徹底的に追い込む保護者を指すようですが、そもそも何が不当で理不尽なのか、どの程度が繰り返しになるのか基準はなく、あやふやなまま認知度が上がり、そう思われたくない保護者を学校と関わりづらくしています。

保護者が、疑問や納得のいかないことを学校や担任に伝えることは当然のことです。それらは学校にとってありがたいことであり、すぐにモンスター扱いするものではありません。

令和の教育は、誰一人取り残さず、それぞれの子どもの状況に応じてきめ細やかに対応するわけですから、保護者と学校の連携は必要不可欠で学校は寄せられた情報に対し神経をとがらせ対応しています。そこに含まれる保護者の想いや考えをしっかりと把握しておかなければなりません。

一方で、学校は、学校として対応しきれないことは丁寧に説明し、断ればいいのですが、「配慮」「やるべきこと」として受けいれる傾向があり、保護者対応に時間をとられる原因ともなっています。そして保護者は、可愛い自分の子どもに関することなので、時に感情的になったり視野が狭まることもあります。

それを防ぐためにおすすめするのは、同じ立場の保護者や信頼できる人たちに事前に相談をすることです。自分の考えを整理し他人に話をする、客観的な意見を聞く、このワンクッションを入れることで状況を冷静に見直すことができ、常識を超える過度な要求であれば周囲が指摘してくれるでしょう。また学校は、複数の人が問題とする指摘に対しては、より重要視します。

蛇足ですが夜遅くに自宅に呼びつけることや、長時間同じ話を繰り返すことなどは論外です。

**学校についてもっと身近に感じたいのにその敷居は高いです。学校の中のことは都合よく脚色しているだろう子どもの話から想像するしかありません。もっと学校と理想的な連携が取れないものでしょうか。**

情報化の時代、個人情報以外は公開・公表が原則で、学校に関する多くの情報が提供されています。しかし、学校現場で日々痛感していたのは、保護者が学校のことを本当に知らないということです。

学校の誤った情報を伝言ゲームのように伝聞し、本当に信じている様子に驚かされるばかりです。「直接確かめてくれたらいいのに」と申し訳ない気持ちにもなります。たとえば、「内申書」について、「部活動をしなければ下がるよ」「先生に気に入られなければ下がるよ」「生徒会に立候補すれば有利よ」「親がＰＴＡしてたらいいらしい」……。現実の内申書は実にシンプルで、人物評価などをするわけでなく、部活や生徒会も記録には記入しますが、それらが判定に活用されるケースは極めて少数であり、ほとんど関係がありません。単純に9教科の5段階評定を合否判定に使用しているだけです。内申書を人質にしているかのような情報も流れていますが、そのようなことは不可能です。それ以外にも先生の私生活に関するものや特定の生徒に関するスキャンダルまで、無責任で不確実な情報が飛び交っています。学校と日頃からの連携がないからこそ、いつの間にか真実のように扱われてしまうことがあります。最近は学校で情報リテラシーを扱いますが、まさに保護者にも考えてもらう必要があるかもしれません。

やはり理想の連携は、学校と保護者がしっかりと対峙することです。何百人という保護者とそれぞれ向き合うのは物理的にも無理ですが、SNSを活用して合理的に保護者が結び付けば、有効な情報交換、意見交換は可能です。PTA改革の流れで活動を実質的なもの（学校との真摯な意見交換）に位置づけている学校が増えており、その場を充実させていくことも一つの方法です。これまでのようにお客様ではなく、また敵対するものでもなく、学校と保護者が子どものためにパートナーとなって一緒に懸案事項を考えていく姿勢が大切です。

**子どもは学校にお任せし、忙しい先生には余計な期待をせずに淡々と関わることがスマートな親との認識が広まっています。そんなものでしょうか。**

今の保護者が学校のことを知ろうとしないことは、子どものことについて無関心だから、との指摘がありますが、決してそうではないと思います。運動会でも音楽会でも家族総出で観覧し、特に父親の参加が目立つようになりました。自分の子どもが活躍する姿があれば、学校の塀は決して高くはないのです。では、なぜ、保護者が学校に積極的に関わろうとしないのか、それは学校が保護者を積極的に迎え入れる工夫をせずに旧態依然とした受け身の感覚でいるためです。

ただ、これからの学校現場は、働き方改革などの課題を多く抱えており、学校のことを知らない保護者が増えるとたちまち学校運営が厳しくなるでしょう。

学校が積極的に情報を提示することで、保護者の興味関心は確実に高まります。保護者がどのような情報をどのようなタイミングで欲しているのかを確認しながら、戦略的に捉えて取り組む必要があります。

学校生活で困難を抱えている子どもには、教員や学校が一義的な責任を負って対応しますが、最大の理解者である保護者の支援も必須です。教員とタッグを組んで子どもの特性を十分に配慮し、状況改善のために方策を練る必要があります。教員も何か気になることがあれば、その都度、家庭連絡し情報共有を図るのですが、多くの場合は困ったことがあった後になります。学校にしてみれば、「ここまでの状況だから保護者も薄々はわかっているだろう」というケースでも保護者の反応は、「そこまでとは知らなかった」となります。

保護者は、自分の子どもをより客観的、多角的に見ていくためにも、今、学校はどうなっているのか知っておくことは重要なことです。子どもからの情報だけに頼らず、自分の目や耳で確認しながら、第3者の視点を大切にすれば新たな発見につながります。家では見せない姿、言動は、ある意味で子どもの成長につながる証であり、それらを知って適切に支援するためにも学校とつながることに意義は大きいと思います。

**年の離れた末っ子が入学。ＰＴＡの負担が軽くなったと聞いていましたが、他の保護者と話す機会が減り、反対側に振れすぎた気もします。昔にもどれとは思いませんが、ＰＴＡの良い面や役割がなくなりそうで残念です。**

基本的な生活習慣、他者への思いやりや感情のコントロール、善悪の判断、マナーといったことは家庭で構築するべきです。しかし、その指導（しつけ）に責任を負わず、邪魔くさがったり、「自由」や「個性」と勘違いする保護者が増えているのも事実です。このような状況の中で、保護者の横のつながりは極めて重要だと考えます。子どもを同じ学校に通わせる保護者という立場で、それぞれの境遇や環境の違いを超えて結びつけば、孤立化したり間違った情報に惑わされることを防ぐことが期待できます。弱い立場の保護者が自分一人では解決できないことを遠慮せず相談したり、ＳＯＳを発信することができるようなつながりを作らなければなりません。もともとＰＴＡはそのような役割も担ってきましたが、組織や活動が形式化、形骸化し、逆にそれぞれの保護者から敬遠されるようなものになってしまい不要論が堂々と出てきているのです。ＰＴＡ改革の第1幕が法的にも指摘された諸課題の整理や活動の合理化であるとすれば、第2幕は、新たな横のつながりの構築だと思います。

その一方で教員の働き方改革は、保護者の理解や協力なしに実現は不可能です。教員の多忙化について、学校に対して少し厳しい言い方をすれば、この問題は、これまで、学校が「子どもに関すること」として抱えるだけ抱えてきた結果、社会情勢に順応できなくなり自爆した結果でもあります。したがって抜本的な対応が必要なはずですが、解決策がない中で、コミュニティスクールの推進など、教員以外の、特に地域の人材が学校を支援するような形を模索しています。しかし、そんな都合のいい地域人材や外部人材が確保できる保証はなく、現在でもほとんど集まっていません。現実的に考えて、最も効率的に学校に影響力を発揮できるのは、子どもにとっての最大の当事者である保護者しかありえないのです。その保護者の塊がＰＴＡであり、本来の目的である子どもたちのために保護者と学校が協力するという原点に立ち返ってＰＴＡ（保護者）が影響力を持たない限り解決は望めないのです。

**教員の多忙化の対策として地域の役割や期待が大きくなっています。しかし、地域も担い手不足で受け手がいません。ボランティア元年から30年足らず。世代交代しつつ、これから地域が果たすべき大切な部分とはなんでしょうか。**

学校にとって「地域連携」の重要性は十分に認識されています。では、いったいこの「地域」とは具体的になんでしょうか？　校区内にある自治会や老人会、婦人会などの地域団体、商店、会社などの企業を指すようです。こうした団体が、子どもたちの学校内外の活動にボランティアとして協力することが「支援」として捉えられています。いずれにしても、「地域」と括られる対象が幅広く漠然としており、支援内容が多岐にわたり、学校のニーズに必ずしも合致しないこともよくあります。

また、地域の中心とされる地域諸団体も大きな課題を抱えています。高齢化が進み、後継者もなかなか見つからず、多くの行事が縮小されています。そのような状況にもかかわらず、何かあったら行政から「地域」「地域」と言われて頼りにされますが、それほどオールマイティな専門性を求められても昔のようにパワーも機動力も失いつつある状態では十分に応えることができなくなっています。

すべての子どもたちの健全な育成のためには、学校と地域の連携・協働を一層進めることはとても重要なことです。ただし、従来の地域諸団体が弱体化していることをしっかりと踏まえた上で、だからこそこれまでのような不確実なものではなく、地域社会に存在する幅広い教育機能を活性化し、具体的な取り組みに転換することが重要です。そして、学校のニーズ、特に多様化する子どもたちへの対応の視点で学校を恒常的に支えていくようにするべきです。ボランティアなので「できること」から「できる範囲」で「できる人」がという枠組みになってしまうのですが、その制約が絶対になってしまうと効果的な連携は進みません。これまで対象としてこなかった組織、団体にもアプローチし、行政も積極的に介入して、形式的な繋がりから踏み込んで、さまざまな機関や団体などとネットワークを構築し、学校が必要としていることや学校以外がすべきことを確実に担うことのできる体制を作らなければならないのです。

# 第3章

# 保護者が学校を変えた6つの実践例

これまでの章では、保護者が学校運営へ参加する過程で、学校や教育について理解を深めることに役立つ問答を紹介しました。このようなやり取りを通して保護者が実態や実情を把握することはとても重要なことです。

本章では、福本先生が管理職時代に保護者との意見交換から実現し、現在では当たり前になった取り組み例を示し、保護者が学校運営においてて果たす役割について考えていきたいと思います。

## ❶ 自動採点システムの導入

今関：平成22年ごろに公立校として単独でテストの自動採点システムを導入されました。働き方改革の一つとして今では全国的にすっかり浸透していますね。

福本：保護者との意見交換の中で「先生が忙しい」という話題になり、それぞれ考える原因や対策について自由に意見を出し合っていました。そして「テストの採点に時間がかかる」との教員の声に、ご主人がＩＴ関連企業に勤務されている保護者が「自動的に採点できるシステムを開発している会社があるらしい」と教えてくれました。教員の私からすれば、まさに夢のような話でした。

今関：ちょっとした異業種交流会の話のようですね。その後どうしたのですか？

福本：この話はなんとか形にしたいと、後日その保護者から可能な範囲で情報をいただきました。すると偶然にも、以前、マークシートによるアンケート集計でお世話になったことのある会社が、マークシート形式ではなく実際に書き込んだ文字をスキャンし自動認識するシステムを開発中であるとわかりました。さっそく、その会社に連絡し、担当者から詳細を聞かせてもらいました。
今関：タイミングがよかったですね。導入に向けて問題はありませんでしたか？
福本：こんな夢のような話がトントン拍子に進むはずがありません。そこから越えなければならない壁がたくさん立ちはだかりました。
まず、自動認識システムについて会社の開発コンセプトがマークシート集計の付録というか、補完的な機能として位置づけていたので、一般的な学校のテスト向けに大きくカスタマイズする必要がありました。次に費用のことも大きな壁でした。この会社のビジネスモデルはマークシート用紙を一枚○円で販売して利益をあげる営業形態なので、一度に何百何千枚と使用する学校の定期テストでは用紙代がかかりすぎて、公立校では予算面で厳しい現実がありました。この他に、必要となるＩＣＴ機器を整備することや、そのような文化を受け入れることのできない教員たちの無関心も障壁でした。
今関：うわあ。あきらめそうになります。一つ一つどうやって乗り越えたのですか。
福本：自動採点システムの導入は、これからの学校にとって大きなインパクトになることを確信していたので、何とか導入したいと覚悟を決めました。費用を押さえたり、仕様を公立校のテスト用にカスタマイズすることは、今後の事業の可能性につながると直接企業に提案し、理解してもらいました。そのためにモニターのような役割も果たしながら協力しました。

**今関**：保護者の反応はどうだったのですか。

**福本**：部分的とはいえ、機械的に○や×がついたり、返却される答案がいったんスキャンしたものになることに冷たさや味気なさを感じたりするという意見も出ましたが、先生の時間的負担が半分程度になることを説明すると納得してくれました。そんな中で副産物ですが、返却された答案を生徒が改ざんできなくなったことも話題になり、改めてテストについて考える機会となりました。

**今関**：学校単独で動いたため、福本先生に労力が集中したのではないですか。こんな検討は教育委員会の仕事だと思っていました。ただ、だからこそ小回りがきき、具体的な形になったように思えます。

**福本**：確かに学校単独で企業と一緒になって作り上げるのは稀な例かもしれません。ただし、逆に考えれば、それだけ効果が高く、目的もはっきりしていれば、行政よりも先に学校単独でがんばることも可能で、その際に生徒や保護者も巻き込めば、より現実的な優れたものができます。現在、自動採点システムに多くの企業が参入し、公立校で導入が進んでいます。すばらしいヒントを保護者からいただいた実例です。

**今関**：たわいもない話から保護者がたまたま知っていた知識が、うまく学校に持ち込まれましたね。実現までの過程に参加でき、保護者たちもワクワクしたでしょう。雑談は大事ですね。

## ❷　通知表の所見欄廃止

**今関**：現在、多くの学校で通知表の所見が廃止、または縮小されています。先駆けて通知表の所見欄を廃止されましたが、経緯をお聞かせください。

**福本**：平成24、5年ごろ、意見交換の場で保護者の人たちから指摘されたことがきっかけです。本音を出し合うことが決まりでしたので、「通知表の所見、褒めすぎですね。当たり障りのないことが多いので、ほとんど読んでいませんよ」というぶっちゃけた意見がでました。他の保護者もうなずきながら「そう言われれば……」という雰囲気になりました。ただ「とりあえず、褒めてもらったらうれしいし、残るものなのでそれはそれで……」とか「田舎のおばあちゃんやおじいちゃんは楽しみにしている」というような意見も出されました。そこで私は正直にこの所見欄に対して持論を述べました。「確かに通知表の所見が形骸化していることは間違いありません。昔は子どもたちができていないこともあえて指摘し、改善を促していましたが、今は無難な内容にまとめます。一方、不適切な表現や誤字脱字は絶対NGなので、学期末の忙しい時期に先生の大きな負担になっています」。すると、ある保護者から「形式的な所見をなくして、その分だけ個人懇談会の内容を充実しより深く子どもについて話してもらうほうがありがたい」という意見がで、その後は現状の所見について否定的な意見が相次ぎました。結局、次の意見交換会で議題として扱うので、周辺の保護者から意見を聞いてくるように依頼して終わりました。

**今関**：所見は通知表のメインと捉える人も多くいます。意見交換で話題になったときから廃止を考えていたのですか。

福本：とんでもないです。私自身もこれほど保護者が現実的な見方をしているとは思いませんでした。時代の流れや価値観の変容に学校がついていけない一つの例ですね。

今関：そこから廃止まで順調に進みましたか。

福本：その後の職員会議で教員の意見を聞きました。多くの教員は負担軽減になるので喜んでいましたが、一部にはなくなることへの不安を口にする教員もいました。いずれにせよ、所見欄の廃止について教員は基本的に賛成してくれました。

今関：その意見交換の場にいなかった保護者の中には違和感を抱く方もいたでしょう。直接、校長の話を聞いた人と結果だけを聞いた人の受け止め方に差はあったと思います。反対の声はなかったですか。

福本：最終的に賛否を問うアンケートの実施も考えましたが、そのような決着の付け方もおかしいと感じたので、意見交換会で出た意見を集約したものを資料として添付し校長名で廃止のお知らせを配布しました。その結果、苦情や反対を直接学校に申し出る保護者はいませんでした。ただ、職員と保護者は予想以上にスムーズだったのですが、意外なところに抵抗する人がいました。それは他の学校の校長でした。

通知表に関する運用は校長の権限なので、教育委員会が口を出すことはありません。校長会で様式を含め記載内容などを一定申し合わせていました。校長の中には「所見がない通知表はおかしい」とか「教員としての矜持、最低限の仕事」とか「なんでもかんでも省略していいものではない」などの意見が出されました。

**今関**：他校のもっともらしい意見に思わず納得してしまいそうになりました。反対の声があると、無難に足並みをそろえたほうがいいのかと私なら迷います。そのようなときは、なにを大切にされていますか。

**福本**：通知表は便宜的に市内で統一していただけ、あくまでもその学校の判断です。嫌な校長はこれまで通りにすればいいので阻止されるようなことはありませんでした。ただ、一つの学校がやり始めたら瞬く間に広がることは容易に想像できたので、そのような考えを持っていた校長や学校には迷惑をかけてしまったと思いました。

**今関**：ファーストペンギンには見えないところで気苦労もあるのですね。そのとき同時に取り入れられた学年度末の懇談会は、1年の振り返りと来年度へ向けての不安を相談できると好評で、今も継続しているとお聞きしています。廃止するばかりでなく必要とあれば手厚いフォローがあるところが保護者の信頼を得ているのだと思います。

## ❸ 定期家庭訪問の変更

今関：4月の家庭訪問についても他校に先駆けて改革していましたね。まずは希望制でした。仕事を持つ保護者は忙しい4月に休まずにすみ、喜んでいました。保護者からの希望が取り入れられたのですか。

福本：家庭訪問については以前から労力の割に成果が期待できないことが、教員の間でも議論になっていました。昔は家の中に入って懇談することが多く、その際に家庭状況を観察できるとか、ナビゲーションシステムがなかった時代、緊急事態に備えて家を確認する必要があるなどの目的がありました。その後、準備やプライバシーなど保護者負担を考慮して玄関先でのあいさつ程度の訪問に変わってきました。そのような形で多忙を極める新年度早々に午後の授業を取りやめてまで実施する必要があるのかという疑問は、年々高まっていました。そこで、この問題は私の方から意見交換会の場で提案し、議論してもらいました。

**今関**：保護者も、担任の先生が我が子の顔と名前の一致しない段階で話すことに意義を感じていないようでした。とはいえ家庭訪問を希望する保護者もいたでしょう？

**福本**：そうですね。どんな形でもいいので、教員と話がしたい方もおられました。中学生にもなると親が担任としゃべることを子どもが嫌がり、無理やり設定してもらわないと困るという意見もありました。しかし希望を聞くと新2、3年生で1学級に2～3家庭、入学したばかりの1年生でも半数にも満たない結果でした。

**今関**：家庭訪問の希望制は、希望する家庭は訪問するのだから、すぐに実現できると思いますが、意外に決定するまでに時間がかかったそうですね。

**福本**：それがまさに学校アルアルですね。関係するほとんどの人が同じ見解でも、長年続いてきたことはなかなか転換できません。もう決定かな、と思っても「こんな可能性がある……」「こんな考えの方もいるかもしれない……」と否定的な意見が出されるとストップします。校長のリーダーシップがあれば問題ないのですが、そこに「保護者の意向」が加われば推進力になり、改革がスムーズに進むと思います。

## ❹ 卒業式の日程変更

今関：卒業式の日程を市内で唯一、入試の後に変更されましたね。経緯を教えてください。

福本：もう半世紀以上も前から、兵庫県ではほとんどの中学校が卒業式を終えてから公立高校の一般入試を迎える日程となっています。これは、きちんとすべての教育課程を終えてから入試を行うとか、入試が終わってからの卒業式は生徒指導上大きな問題が予想されるとかの理由からでした。しかし、昔と違って一般入試を受ける子どもたちの割合が低下し、私学や公立の推薦などで1、2カ月早く進路が決定する生徒が増え、また暴力行為などの問題行動も極端に減るなど、理由とされてきたことに納得できない生徒や保護者が増えてきました。毎年のように意見交換会ではこの話題が出され、変更を求める意見が多数を占めました。「校長先生が決めたらいいのに」「この学校だけでもやりましょう」と言われるたびに「とりあえず、式典関係の日程は教育委員会が決める管理規則にあるのでそれに従うのがルールとなっています」と答えるしかありませんでした。

今関：そんな中で、なぜ学校単独で卒業式の日程を入試の後にできたのでしょう。

福本：コロナ禍が大きかったと思います。令和元年度に入学した子どもたちは中学校生活のほとんどをコロナ禍で過ごしました。たとえば2泊3日の予定だった関東方面への修学旅行が2度の延期を経て、なんとか1泊2日近畿地方で実施されるなど、3年間の多くの行事が中止、または縮小されました。

今関：覚えています。この子どもたちが卒業する3カ月前にも第6波が襲来しました。登校するか自宅学習するか、生徒や保護者の意思を尊重し、各家庭で決める方式を採り、授業をZOOM配信するなど柔軟に対応してくれました。福本先生はこの学年こそは最後くらいゆっくり式典を味わわせたいと、卒業式の日程を教育委員会にかけあってくれましたね。

福本：2月に入り、教育委員会から学校裁量で決定する方針を引き出すと、すぐにPTA会長がSNSで保護者の意見を集約し、ほぼ全員から延期の要望を受け、入試翌日への延期を2週間前に決定しました。

**今関**：保護者の意向とはいえ、卒業式2週間前の変更に迷いはなかったですか。よかれと思ってやっても先生方に真意が伝わらないこともよくあります。

**福本**：結果的に80数校の中学校の中で入試の翌日にこのような理由で卒業式を延期したのは本校だけでした。多くの校長が、私と同じような想いを持ち、またそれぞれの学校の保護者も延期の意向を示し、調整したようですが、できませんでした。実行できた一番大きな要因は日頃から学校運営に保護者が参加し、柔軟にその意見を取り入れる体制が教職員の中にあったことです。今回の卒業式のことについても保護者と随時意見交換しました。結果、素晴らしい卒業式となり、子どもたちも保護者も変更できたことに喜びと誇りを持っていました。

**今関**：コロナ禍の臨時措置であったにせよ、子どもたちや保護者の意向を汲んで卒業式を入試の後に移動させたことは大きな風穴を開けました。

**福本**：そうですね、その後、このことが大きな反響を生み、コロナ禍以前からあった日程論争も加わり、市では翌年からはコロナ禍に関係なく、正式に卒業式が入試後に日程変更されました。

**今関**：コロナ禍がなくても社会情勢の変化や、子どもや保護者の要望の多さを鑑みるともっと以前に検討、変更できたと思いますが。

**福本**：その通りです。この件も、これまで学校がいかに子どもたちや保護者の意向を確認せず運営されていたかを証明しています。前例踏襲を基本とし、経験則が判断基準の中心となる学校運営は、多様性を認め、子どもを主体とするこれからの方向性とは大きく矛盾します。子どもたちや保護者が大きく変容する社会において、なぜ学校は何十年も同じことを繰り返しているのか？　関係する誰もが変えなくてはと感じていても、具体的な動きがなかなかできません。長年続けられてきたことを大きく変えたり、これまでなかった新しいことをしようとすれば、説明責任が求められ、重箱の隅をつつくような批判にさらされます。そのようなプレッシャーに対して校長や学校を支援し、子どもたちのためによりよい学校に変えていくのも保護者の仕事かもしれません。

## ❺ 習熟度別授業の導入

今関：不登校生の居場所づくりが進む中、登校し、それなりに楽しく過ごすけれど、授業が全くわからないまま座っている生徒のことも気になります。先生が力をいれておられる習熟度別授業について、導入に至る経緯をお聞きします。まず習熟度別授業を設けたきっかけを教えてください。

福本：前章で触れましたが、学力差が拡大し、特に積み重ねの教科である数学、英語については3年生になると理解が進んでいない生徒にとっては苦痛でしかない時間になります。表面的には静かにしているものの、授業は未知の言語が飛び交う空間になります。この生徒たちを何とかしてやりたいと常日頃から考えていると、保護者から意見交換会で要望が出され、やろうと決意しました。

今関：こんなときはまず誰に相談されるのですか。

福本：「教育委員会」と答えたいところですが、どの学校もやっていないということは有効なアドバイスや支援は期待できないので、あくまでも独自にやろうと考えました。ただ、保護者には広く意見を求めました。特に評価や定期考査のことについては入念に確認しました。

今関：最初に構想を話したときの反応はいかがでしたか。

福本：保護者には懸念されることを事前に相談しており、意見もそこそこ寄せられていたので、意見交換会で明確な構想を伝えると概ね好評でした。また、ほぼ同時期に職員会議でも全体に伝えました。なぜ必要なのかをしっかりと説明し、合わせて当該教科の担当教員とは、数カ月前から一緒に準備をし、納得してもらっていたので、職員会議では何の反対もなくスムーズに進みました。

今関：保護者にとってテスト内容と授業内容がマッチしているのか、成績をどのようにつけられるのか、気になります。また、できる子・できない子の分断を生みませんか？　そのあたりの質問はなかったですか。

福本：ほとんどの学校で、この取り組みを実施できない2番目の理由がまさにその課題です。評価のことも念頭に置くと本当に悩ましく、多くの矛盾を含んでいます。しかし、現実に目をむけると、ただただ退屈な時間を過ごす生徒が一定数存在しているのです。批判はするけれど対策はなしという状況です。そこで、当事者の希望を最優先に実施することにしました。矛盾する部分は丁寧に説明し、保護者も含め判断してもらいました。すると、予想以上の希望者がおり、生徒たちのアンケート結果を見ると当初大人たちが勝手に懸念したことが吹き飛びました。

**今関**：先生方の反応は？　担当される先生にどのようなフォローをされましたか。

**福本**：学力差については、先生方も日頃から何とかしなければならないと思いつつ、ＩＣＴの活用や授業形態の工夫に取り組むものの効果的な改善には繋がっていませんでした。したがって、習熟度を導入することには理解を示してくれましたが、そのためには、毎時間入念な打ち合わせが必要となり、苦労をかけました。しかし、困っている10名近い子どもたちをなんとかしたいとの想いが、推進力となりました。

**今関**：子どもたちにもプライドがあるから、レッテルを貼るようでよくない、との声も聞きますが、実際の生徒の反応はどうでしたか。

**福本**：そこが、大人たちが理解できていない大きなポイントです。劣等感とか分断とか言いますが、子どもたちは極めて現実的でお互いに思いやる気持ちもしっかり備えています。「次の時間、がんばってくるわ」「おお、しっかりがんばれよ」こんな会話をしていました。ほとんどの子どもたちは高校へ進学します。少しでも数学や英語のレベルを上げることで、高校でうまく順応したい気持ちを持っています。
今関：大人のほうが平等にこだわり思いやるふりをしていただけで反省します。

## ❻ 校内サポートルーム設置

今関：最近、全国的に広がりをみせるサポートルームですが、先生はすでに10年以上前から取り組んでおられましたね。
あの当時、PTAにも毎年1、2件は「教室には入れない1時間目には間に合わないけれど、登校する意欲はあるので受け入れてもらえないか」という相談がありました。それを管理職に確認しても「別室に付ける職員がいない」「生徒を一人にはさせられない」と断られました。福本先生が着任され、要望を聞く形でサポートルームができました。そこに通う生徒の母親が「最近、娘がお昼前から登校している。お部屋を作ってもらえ、学校に来たことを先生がほめてくださる。学校まで歩くから日に焼けて少し健康的になった」と喜んでいたのを思い出します。その後、行きつ戻りつしながら、彼女はその部屋に通い、子どもが学校に気持ちが寄せられたことで母親も担任の先生と信頼関係ができ、前向きに関係機関ともつながり、自分で進路を決め無事卒業しましたね。あの時、別室登校が可能になったのはなぜですか。

**福本**：今でいう校内サポートルームのことですね。もともとその前任校で似たようなことをやっていました。ですから着任して最初に気になったのは、そのような場所のないことでした。確認すると保護者から一定の要望は出ていました。不登校気味で配慮の必要な生徒といっても千差万別です。「校門を見るのも無理」な生徒もいれば「学校に来ること自体は嫌じゃない」生徒もいます。登校できるかできないか、0か100かで判断しがちですが、そうではないのです。当時も今も部屋につける職員の余裕はありません。でも、人が足りないことにより、生徒の可能性をつぶしたくないと思いスタートしました。

**今関**：それまで「目を離した隙に何かあれば責任は学校にかかるからできない」と断られる場面を何度か見てきました。「教頭先生が職員室から離れることは、他の先生の業務が増える」とも言われます。職員室で反対意見はありませんでしたか？
**福本**：表立った反対はなかったですよ。保護者にはどう映るかわかりませんが、本来教員も面倒を見られるなら見たいし、教室にいない生徒のことを忘れているわけではありません。部屋ができると、本人の様子を見ながらですが無理のない範囲で徐々に担任やそれ以外の先生がのぞいてくれるなど、輪が広がりました。ソファーやぬいぐるみもそろえ、くつろげる空間を意識しました。何を備えたら喜ばれるかを考えることは楽しく、職員も率先して買い物に行ってくれましたね。
**今関**：登校、不登校だけでなくちょっと自分のペースで登校してみるという選択肢が増えることは、親子ともにいいですね。
**福本**：その翌年からはタイミングよく、学校のアシスタントに入る教員免許を持つ支援員の採用が始まり、元教員の方が在室してくれました。この年から契約したネット配信教材を視聴できるようにWi-Fi環境を整えました。直接授業は受けることができなくてもこの部屋で学習意欲がわき自分で進学先を決め勉強し、卒業した生徒も複数います。多くの生徒は「学校に行った日は達成感がある」とか「親を安心させたいからちょっと家を出る場があってよかった」と述べていました。

今関：サポートルームの制度が充実する一方で、まだ整備されていない学校もあります。その大きな原因は職員の意識が変らないということで、あくまでも学校の秩序やけじめの問題から運用に制限を加えているようです。先生が取り組む中で他校から着任された教員が最初はその自由さに違和感を抱くことはなかったですか。

福本：教員の多くは、校内に全く違うリズムの空間があることに無意識に恐怖を覚えるのでしょう。そうではなく校内にレスト機能があってもよいのです。今後は不登校生徒のみならず疲れたら教室から出てきても構わないのです。本人の生活の質を高めるために柔軟に糸口を探ることが大切です。校内サポートルームは不登校生のための配慮と受け止められていますが、担任は結果的に家庭訪問にかける時間を授業準備に回せることなども含め、相乗効果は大きいです。

今関：兵庫県、神戸市では教員免許を持たない人もこの部屋の担当者になれるようになりました。箱はできても運営側が本質をわかっていなければ、いくら人やお金をかけても形骸化します。この制度がさらに充実するように願っています。

# 第4章

# 令和の教育に必要なこと

令和の時代を迎えて、学校現場は確実に大きな転換期を迎えています。学校がこれまでのように行政主導で上から伝達されることをただ実行するだけでは、多様化する子どもたちのニーズに対応できません。学校がさまざまなことを主体となって決定し、そのプロセスに子どもたちや保護者、地域が参加するボトムアップ型の運営が必要です。そのためには何が必要なのか、令和の教育について考えてみたいと思います。

## ❶「学校依存社会」からの脱却

今関：第3章の採点システムや習熟度別授業導入を支えた保護者たちは、学校との対話の場を定期的に持っていました。日頃から情報を得て学校の様子を知り応援する保護者がいる一方で、まだまだ「教師の働き方改革を理由に行事が中止や縮小となり、残念です。上の子のときは、いい思い出になったのに」との声も一定数聞かれます。先生が忙しすぎることは何とかしたい。でも多忙化対策での学校の変化を「サービスの低下」と感じ、不満に思う保護者も多いように感じます。

福本：「昔はやってくれていたのに、今の先生はなぜしてくれないの」「そんなに忙しいの?」と思っている保護者は少なくありません。これだけ教員の長時間労働やなり手不足が社会問題化しても、保護者の危機意識や当事者意識は決して高いとは言えません。公教育だからいろいろ騒いでも結果的には誰かが何とかするだろうと思われているのかもしれません。このような保護者のスタンスが大きな課題だと思いますし、これからの教育を考える上で大きなポイントになります。

今関：はい。いない、足りないというけれど探せばいるでしょう、くらいに思っていました。保護者が学校の働き方改革に納得できるか、ですね。保護者も学校と一緒になって考える習慣が必要です。そんな経験、したことがない人が大半ですが。

福本：「学校依存社会」と言われるように、子どものしつけなど本来は保護者がすべきことを学校が担っている現実があります。学校は特に頼まれたわけでもなく法律で決められているわけでもないのに、基本的な生活習慣から社会常識に至るまで実に多くのことを教えています。そして、これが定着し、保護者の認識もそうなっています。たとえば「業務削減で清掃活動を2日に1度にします」と伝えると、ある保護者から「家では掃除しないので学校でしっかり教えてほしい」と連絡があります。今回の働き方改革によって真っ先に削減されるのは、まさにこのような分野ですが、その影響も含めて多くの保護者はあまり理解していないのかもしれません。

今関：学校に任せ過ぎる学校依存に関して問題意識を持っている私でさえ、バスの中やコンビニ前で騒ぐ生徒を見ると、学校に電話して先生に来てもらいたくなります。実際は電話はしませんが、直接注意もできません。自分でもなぜこのような「生徒のことは学校に」という発想になるのか不思議です。
**福本**：個人的には、平成の30年間で学校と保護者の関係が大きく変化したと感じています。昭和の後半は校内で暴力行為などの問題行動が頻発し、学校はとにかく秩序回復・維持が至上命題となり、子どもたちを一定の型や枠にはめて正常化を目指し、常に強圧的な指導が繰り返されました。当時は集団性や忍耐力が大きな評価を受け、保護者のニーズも一定あったため、あまり問題になりませんでした。むしろ保護者から「遠慮なくひっぱたいてください」などと言われていましたからね。平成に入り、子どもたちが少しずつ落ち着きを見せ始めるのですが、学校が過去のトラウマから脱却できず、旧態依然とした指導体制を維持したため、「学校の常識は世間の非常識」と指摘されるようになり、子どもたちや保護者との距離が広がっていきました。
**今関**：集会では真冬の冷たい体育館の床に靴下のまま。校内を歩くときは窮屈でもブレザー着用。担任の先生に見直しを求めても変わりませんでした。
**福本**：このころから保護者からはそれまでなかった批判や要望が出されるようになり、学校はその場しのぎで、目先の解決のために特別扱いや過剰なサービスを許容するようになりました。そして一度やったことがスタンダードとなり、教員の仕事が増え続けたのです。さらに、本来は教育活動の中核となるはずの学力について格差が広がり、学校外でも学ぶ機会が増え、保護者の興味が行事やその他のサービスに向きやすくなったことも、学校がさまざまなサービスを求められる一因です。

今関：この思考が学校依存なのでしょうが、家庭でプールにつれていけない子もいるし、学校で25メートル泳げるようにしてくれて当然と思っていましたからね。水泳授業は人気のように見えますが、恥ずかしいとか水が嫌いだからとかで見学する生徒も増えています。思い切って学校は学習指導を重点的に、その他は規定の残業時間内に収まるまで削減すればいいのではないですか。

福本：理想はその通りですが、それなりの期間に積み上げてきたことを一気に崩すことはなかなか難しいのも事実です。学校がある程度のことを教えないと家庭であまり教えてもらえない子どもも一定数存在します。この辺りは福祉的な視点で行政が関与する必要があるかもしれません。また、部活動のように日本の文化ともいえる存在をどうするかとても難しい課題です。まさに学校依存社会の象徴です。

今関：我が子の経験からも、部活動がなくなれば、どこで我慢や上下関係を学ぶのだろうと心配になります。部活を通して道具を大切に扱うことや整理整頓なども学んでいます。部活が苦い思い出の人もいますが、子どもたちの人格形成に大きな存在だったと思います。それだけに、部活動が先生の負担のうえに成り立っていることやそれを知らずにいたことはショックです。

福本：部活動の地域移行に関し、文科省をはじめ各教育委員会は必死で新しい枠組みを作ろうとしていますが、なかなか進んでいません。それだけ部活動は教員の多大な犠牲の上に成り立っていたわけですが、その議論にやはり当事者である子どもたちや保護者が積極的に関わるべきだと考えます。部活動＝学校だったからこそできたことができなくなり困惑するのは子どもたちです。その一方で、これまでできなかったことが可能になるかもしれません。学校に丸投げしてきたことで見えてこなかったことを明らかにして社会全体で考えていく必要があるのです。

今関：公立学校の場合、指定された学校に通うため、どの学校でも納得できる一定基準の教育活動は提供されて当たり前という感覚ですが、それは期待しすぎですか。

福本：「納得できる」というところがポイントですね。価値観が多様化し、どのレベルが納得できるかはそれぞれの家庭で異なります。にもかかわらず、各家庭が個々に要求すると学校はパンクします。依存からの脱却は保護者としての独立であり、保護者間の利害の対立を学校だけに任せるのではなく、学校と一緒になって調整していくことが必要です。

## ❷「子どもの人権」という考えの定着

今関：日本の社会では、私もそうですが、子どもを大切に思うあまり、どうしても大人の目線や常識を子どもに押し付けてしまいます。しかし令和5年、こども基本法が施行され、こども家庭庁が設置されたように、これからは子どもたちの意見に耳を傾けその主体性を重視していく必要があると言われています。この流れは教員や保護者にとっても大きなことで知っておかないといけないことだと思うのですが……。

福本：「子どもの人権」について深く考える必要があります。当たり前のことですが、保護者であっても自分の子どもを所有物のように扱うことはできません。特に叱る場面では、その原因を作ったことに対して罰を与えることに主眼が置かれ、その子どもが嫌な思いや恐怖を覚えることで再発を防ごうとするケースも見られます。さすがに体罰とされるような行為は少なくなりましたが、それができない分だけ言葉の暴力などは増えているかもしれません。自分の言動によって子どもの人格や存在を否定し精神的ダメージを蓄積させても何の効果もありません。忙しい日々の中で感情的になり、たとえ厳しく叱責しても、子どもだからいつでもフォローはできる、という安易な発想があるようです。子どもに対して、何がだめだったとか、どうしたら2度と失敗しないか、真剣に考えさせることが必要で、同時に子どもたちの意見をきちんと表明させることが求められます。

**今関**：昭和の「我慢、忍耐、理不尽に耐える」という価値観で育った保護者や先生には、子どもの主体性を尊重する教育は難しそうですね。

**福本**：保護者もしつけについてまだまだ前時代的な発想の人が多いように、学校でも特に管理職に「教員は子どもを叱ることができなければならない」「きちんとしつけることが教員の仕事」「厳しくしないと学校の秩序は保てない」と考える人もいます。口先では子どもたちに寄り添うことや信頼を得ることの大切さを強調しますが、「しつける」という感覚がなくなりません。

**今関**：今後は部活の地域移行など、教員免許なく子どもと向き合う人も増えます。子どもを叱る場面で不安を抱く人が増えていますね。

**福本**：叱って効果を得ることが可能になるためには、子どもとの信頼関係が必要です。教室にいても近づきにくく日頃から話しかけにくい担任が、どんな工夫や努力をしても叱る指導はできません。命に関わるような緊急事態が起こって、大きな声を出して止めるようなことがありますが、それは緊急対応であって指導ではありません。そのようなことと叱ることを混同している情けない教員もいます。

また、学校で子どもが叱られるケースの多くが学校のルールを守っていないとされるときです。集団生活を基本とする学校でルールを覚え、それをきちんと守ることは大切なことです。しかし、そのルールに理由なり根拠があるか？と言われれば疑問に思ってしまうことが多々あります。子どもだからいちいち納得などしなくてもルールを守らせるべきと考える大人も少なくありません。学校生活で学ぶべきは、「ルールには従うもの」以上に「ルールを理解する」「ルールについて自分の意見や考えをもつ」ことです。

**今関**：ルールの目的を歪曲させて自己完結するおとなにならないためにも、正しくルールを理解するクセを学校生活でつけたいです。また学校依存だと言われそうですが……。学校生活でルールを守らせるために気に留めておくことはありますか？

**福本**：学校のルールも社会の価値観の変容に合わせて見直しをしていかなくてはなりませんが、何十年も根強く残っているものも少なくありません。子どもたちは基本的に元気で動き回るものです。35人いれば35通りの反応があって当たり前ですし、興味関心がさまざまな方向に向けられるのも自然です。ついつい忙しさのあまり、とにかく静かにさせ枠をはみ出ないようにしてしまいます。そして、それらを取り繕うためにわざとらしく子どもたちが自主的に考えたような形を取ったり、代表生徒に委員会活動として監視させたりして、「教室では静かに過ごしましょう」「廊下は一列になって左側を歩きましょう」となります。また、「今の子どもは我慢できない」、「兄弟が少ないからわがままだ」、「人の気持ちがわからない」とさまざまな理由をつけて、ルールを守らせることの大切さを力説したりします。

忙しいからこそ子どもたちに主体的に考えさせることが大切であり、多くの教員がこのような思考ができるようにしなければなりません。

**今関**：主体的に考えさせてくれる先生が増えると、令和の学校に期待が持てますね。

**福本**：そうですね、どれだけ教育について勉強し知識を得ても、経験を積んでも本当にいい教員かどうかは、子どもたちとの距離によって決まると思います。また、それは、若いからなど単純な要因で左右されるのではなく、その人間性によって確立されます。教員の働き方改革の風潮の中で労働者としての教員には同情的な意見が急増しました。これまで教育現場は、保護者や社会から押されっぱなしでしたが、最近は少しぐらいなら反撃に打って出ても許されるような雰囲気も感じます。しかしここで誤解してはならないのが、保護者は教員の長時間労働の実態は認めていても、それにより教育活動が充実しているとは感じていないことです。子どもたちや保護者から感謝されているかと言えば、必ずしもそうではありません。子どもたちは学校生活で教員のことをしっかりと観察し、保護者に多くの情報を伝えています。その結果として、感謝にあまり直結していないのです。「子どもの人権」と言えば抽象的なイメージになりますが、教員の仕事で最低限尊重しなければならない基本的なものになることは間違いありません。

## ❸ 教員にとって必要なこと

**今関**：世間の感覚と違うかもしれませんが私の知る限り、今も教員採用試験の正規採用は人知れず狭き門です。一部の1倍台の倍率の地域や校種が注目を浴び、超難関時代に採用された先生までひっくるめて資質が心配されているのは、ちょっと失礼で気の毒な話です。今、学校で踏ん張っている後輩の先生たちに伝えたいことを教えてください。

**福本**：教員も人間なので、個性があり得手不得手があります。そこは学校がチームとしてそれぞれの教員の特性をうまく活かしながら体制を組みます。ただし、それぞれの教員個人も自分の資質向上には常に努力するべきであり、採用されてから退職するまでそれぞれの年代に応じてバージョンアップしなければなりません。

今関：バージョンアップですか、イメージしやすいですね。まずは経験の浅い先生は何を心がけたらいいですか。

福本：経験を若さでごまかすのではないですか、とにかく「笑顔・明るさ・元気」だと思います。教員が子どもたちと対峙するときに自然と醸し出される雰囲気はとても大切です。そんなことを意図的に都合よく作り出すことができるのか？と思われるでしょうが、結果的に子どもたちを安心させ、引き寄せる雰囲気を持つことができるかどうかが教員として大きな分岐点になります。

今関：特に小学校では一緒に遊んでくれる先生、どの子にも関わり声をかけてくれる先生は人気ですね。

福本：常に笑顔でいることや優しい声掛けができること、何より子どもたちと一緒に学ぶ姿勢、子どもたちといることを楽しく思えることがそのような雰囲気につながります。若いときには体力を最大の武器にして子どもたちに寄り添い、笑いの絶えない教室をつくれば、自然に「いい学級」ができます。教員も他の職種と同じように経験を積みながら、技能を習得し資質を高めていくのですが、受け持ってもらう子どもたちにとっては、その先生の年齢や経験を選ぶことはできません。教員が技術的に未熟でも、真摯に取り組んでいれば、若いということも踏まえて子どもたちも保護者も応援してくれます。まずは「笑顔・明るさ・元気」です。

**今関**：子どもが先生を慕っていると親としても嬉しいです。安心できるし、それだけで学校との距離が縮まります。

次に、そのように真摯に日々を重ね、2校程転勤し一定経験を積んだ先生はどんなことを心がけるとよいですか。

**福本**：学習や生徒指導に一定の知識や技能をもったなら、それを活かすためにも「予測する力、状況を把握する力」をぜひ身につけてほしいです。常にアンテナ高く、子どもたちのどんな変化も見逃さないセンシティブな感覚です。

**今関**：確かに子どもたちが頼りにする先生と話すと注意深い観察力に驚くことがあります。派生するトラブルを見込んで子どもたちに関わっておられます。

福本：教員の研修などでは、「アンテナを高くして、変化を見逃さない」と情報収集の大切さを説くのですが、それらがどちらかというとテクニックとして位置づけられます。ただ、このセンシティブな感覚は技術論的な側面だけで身に着けることはできません。子どもが教員に心を開くのは信頼が高いときです。その信頼を得る過程で大切なことは、子どものことを正確に理解することであり、そのことをしっかりと伝えることです。

今関：子どもとのコミュニケーションは、本当に大切ですね。子どもをよく理解し言葉で伝える。子どもは信頼関係のない声掛けだと、逆に白けてしまいます。

福本：子どもは教員が自分のことをよく知ってくれていたり覚えてくれていたりすることをとても喜びます。褒められることも注意を受けることも、信頼があってこそ効果があるのであって、その逆は全く意味を持ちません。よく教員は心に響く言葉を探しますが、どんな素晴らしい話をしても、信頼関係のない場合は無駄話です。

今関：次に、中堅と呼ばれるような先生はどんなことを心がけるといいですか？

福本：学年主任のような立場になり、重要な校務分掌を割り与えられたときに、最も心がけてほしいのは「説明責任を果たす」ということです。教員の仕事の全体像が見えてきて、自分なりの考えや思いをまとめることができるようになれば、次のステップは、自分の教育活動について説明責任を果たすようにすることです。この作業によって振り返りが可能になり、マンネリや劣化を防ぐことが可能です。

今関：学校は塾と違い、工夫しなくても新入生は入ってきますもんね。卒業生を送り出し新入生を迎えることの繰り返しだからこそ、常に確認する作業が必要ですね。

福本：また、前例踏襲はよくないと思っても働き方改革の流れの中、業務改善が喫緊の課題となっており、新しいことに取り組む余裕がない側面もあります。だからこそ、どの教育活動が子どもや保護者からどのような評価を受けているか、またどのように説明できるかを立ち止まってしっかりと考える必要があるのです。

今関：慌ただしい毎日の中でも、冷静に自分を見つめる時間を取らなければ教員としての資質向上もストップしてしまう、ということでしょうか。

では中堅も越えて、管理職になるような時期にさしかかった先生はどんなことを意識するとよいですか。

福本：常に自分の立ち位置を確認する努力をしてください。経験を積めば積むほど知識は豊富になり、技能も高まるでしょうが、柔軟性に欠けがちです。価値観が多様化する中で学校も毎年、微妙に変化しており、10年、いや、5年前の常識が全く通用しない時代が確実にきています。「年を取る」からできることとできないことがあり、決して無理をする必要もなく、その時々の学校事情も考慮しながら果たすことのできる役割を確実に担うことが重要です。

今関：「チーム学校」の中心ですね。若い先生の相談にものり、学校全体を俯瞰しながら、必要に応じて柔軟に対応する立場ですね。

福本：そのとおりですが、ここで「縁の下の力持ち」だけに徹すると必ずしも学校にとって有益にはなりません。豊富な経験があるからこそ、時には悪役も引き受けながら個々の教員のレベルアップにも寄与するべきです。学校が低いレベルの慰め合い組織にならないように、重石となる役割が求められます。

今関：教員の世代別構成比率はいびつですから、経験のある先生があえて面倒なことも言いつつ、重石のような存在であってくれたら、常に高みを目指す活気ある学校になるでしょうね。

**福本**：そして、もう一つこの年代の教員に期待したいことがあります。それは家庭の教育力を高めていくという役割です。多様化が進んでおり、それぞれの家庭の価値観は一定尊重しながらも、保護者として果たすべき最低限のことをうまく伝える仕事を担ってほしいと思います。

**今関**：保護者として最低限〇〇する、の基準のバラバラさは、学校の先生が一番実感しておられることでしょう。バラバラなりに子どもとともに保護者も成長できるのは、こういった先生方のおかげです。最近は学校で一斉に同じ宿題を出されることも減るなど、公立の学校でも個別最適な学習が謳われ、これと並行して家庭が教育に向き合う部分が増えています。保護者も毎年、その年齢の子を育てることに関しては初心者です。先生には一緒に伴走していただけるとありがたいです。

## ❹ やはり校長の役割は重大、どんな学校運営を心掛けるべきか

今関：小学生はよく「校長先生はキャンプも修学旅行も行けていいなあ」と羨ましがりますが、実際は山積する諸課題に対応する校長先生は大変です。これからの時代、どんなことを心掛けていけばいいでしょうか。

福本：まずは「当たり前」をやめることです。現在の学校は次々に噴出する教育課題に対応できず、設置者である教育委員会も効果的な施策を打ち出せていません。特に丁寧な個別指導の重視と教員の働き方改革は180度違う方向にベクトルが向いています。ここまでくると、これまで「当たり前」とされたことをやめなければ、前へ進めなくなっています。

今関：学校に限らず、それまで当然と考えられてきたことを変えるのは大変ですが、具体的にどうするのですか。

福本：学校の物事の決まり方を変えていくのです。学校は、例年どおりの内容に微調整を加えながら繰り返すことが前提で運営されます。このやり方の利点は、内容の詳細決定に労力をかけず、何より多くの職員が納得しやすいことにあります。「何十年も続いているから大丈夫なんだ」という論理です。これは、管理職が無難な解決のために、悪役を引き受けず、リーダーシップを放棄し、子どもへの教育効果よりも「どれだけ多くの職員が納得するか」に着地点を置いてしまうからです。

**今関**：学校で物事の決まり方を変えれば劇的に変化が起きるものですか？

**福本**：職員のための職員会議を、保護者、子どもに寄せていくことで学校は大きく変わります。学校運営の中心となっているのが月に1回程度実施される職員会議です。この会議はある意味で校長と教員の関係性やその学校のあり方を象徴するものです。職員会議は戦後しばらくの間、その位置づけが曖昧で、民主的な教育をめざす中であたかも学校の最終意思決定機関のようになっていました。会議では頻繁に校長と教員の対立がおこり、紛糾し、校長が責任者としてのリーダーシップが発揮できず学校運営に重大な支障をきたすようになってきました。そこで、平成10年に中教審が職員会議の在り方についての答申を出し、学校教育法施行規則が改正され、法令上明確な位置づけがされました。その結果、職員会議は校長の補助機関としてその職務の円滑化のため教員に対して周知を図り、相互理解を促進するための場所となりました。この法改正から20年近くが経過し、確かに職員会議の様子は変わりました。以前のように、なんでもかんでも管理職に噛みつくようなことや熱い議論は姿を消し、逆に前例踏襲の学校行事などを淡々と説明するような場所になってきました。多忙化の中、少しでも負担にならないように、時間に制限を加えたり、ペーパーレスにしたり工夫も見られるようになりました。しかし、まだまだ教員の承認や納得を最優先課題とした職員会議がほとんどです。それはそれで正しいことですが、教育課題が大きく変わってきた現在、学校運営の主体があいまいになるのは正しくありません。少なくとも主役である子どもたちやその保護者の意向も反映させることが必要であり、そうしないと時代が要請する教育活動はさらに困難になると考えます。多忙化の中で、個別な対応を実現するには、これまで絶対的な存在であった職員会議を子どもや保護者側に合わせていくような思考が必要です。

**今関**：理屈ではわかりますが、校長先生が思いきってそのような体制を作ることは可能でしょうか。

**福本**：コロナ禍の「リモート授業」について考えて見てください。きっとコロナ禍がなければこれほどのスピードで浸透していません。そもそも授業を中継、配信するといったこれまでの「当たり前」を否定することは、職員会議で提案しても恐らく瞬殺された案件です。誰もが予想できなかった長期の休業で、世論に押される形で仕方なく実施されましたが、コロナ禍が落ち着き、通学が再開されても不登校生の対応や個別指導のために継続されています。当初のＧＩＧＡスクール構想の一環として整備、提案されていたら実現には何年もかかったでしょう。この例のように災害が起こるほどの決断を校長に求めるのは酷かもしれませんが、学校には視点を変えるだけで改善できることは山ほどあります。職員はもちろんですが、子どもや保護者の意見を幅広く聞きながらリーダーシップを発揮してほしいと思います。

自然と湧き上がってくるような議論の中で「当たり前」を見直すことが理想ですが、現状では、国レベル、都道府県レベルの統一した明確な数値、方針が示されるか、災害級のことが起こるか、いずれにせよ学校や校長が責任を問われないようなプロセスと圧倒的な強制力でもないと大きな変化は期待できません。

## ❺ 保護者が学校運営に参加するとは

今関：保護者が学校運営に参加するということは、学校にとって面倒なことでないか、保護者は心配しています。

福本：校長が定期的に子どもや保護者から本音や願いを聞きながら学校運営をするとなれば、この多忙化のときに煩雑なことが増える、学校の秩序が保てなくなり収拾がつかなくなる、といった考え方がまだまだ一般的です。確かに多種多様な提案や希望が寄せられると、判断に窮することも多く労力はかかります。中にはネガティブな事実をあえて表出させてしまう危険もはらんでいます。しかし、これからの学校は画一的な価値観を押し付けるのではなく、それぞれの子どもたちの状況に合わせて柔軟な指導が求められており、まずは聞くことをしなければ、何も始まりません。そのあたりをシンプルに考えるべきです。

今関：保護者の声を聞くといっても、どんな話を聞いてもらえるのか、とまどいます。

福本：定期的な会合を始めたころ、保護者に「何を聞いても、言っても構いません」と発言を喚起しても懐疑的で、それまでの感覚、距離感をなかなか崩すことができませんでした。それでも小さな話題をコツコツ積み上げ、早ければ次の日の学校生活から反映したりすることで、こちら側の本気度が少しずつ伝わり、本音での議論が可能になりました。ここまでくると、単に保護者から注文を受け付ける会ではなくなり、参加者みんなで学校が抱える課題を考えるようになりました。学校（教員）が悪いとか特定の保護者や子どもが悪いとかではなく、全体の問題として捉えることができれば、解決への近道になるだけでなく、特に教員の精神的負担軽減につながります。このような経験が最終的には教員からも支持を得て「職員会を寄せていく」ということに抵抗感がなくなっていきました。子どもたちや保護者の率直な意見や願いに真摯に向き合うことは特別なことではなく、タイムリーな学校運営を目指していた結果です。

**今関**：ＰＴＡが形を変えていく中、保護者が学校運営へ参加するために長続きする形や手法を教えてください。

**福本**：保護者が学校運営に参画する形態や手法はいろいろと考えられます。①従前のＰＴＡの組織・活動をリニューアルする、②ＣＳ（学校運営協議会）を舞台に活用する、③ＳＮＳを駆使して広く一般の保護者とダイレクトに結びつく、などなど。それぞれの学校で工夫すればいいと思います。

**今関**：ズバリ、保護者が学校と参画するうえでの大前提は何でしょう。

**福本**：保護者が参画する上で意識することは学校が集団生活であること、自分の子どもに関する視点と全体を見渡す視点の両方を持つこと、そして何より子どもの通う学校を大切に思う気持ちを持つことです。そして、できるだけ多くの保護者が間接的にでも関与することがより成果をあげることに結び付きます。忙しくて学校運営に参加できないと思うかもしれませんが、学校の教育活動に積極的に関わることもこれからは子育ての一環だと考えてほしいと思います。

# おわりに

コロナ禍以降、保護者が学校に足を運ぶ機会が減りました。また、先生の多忙化や休職率の高さがYahoo!ニュースをにぎわす昨今、「ちょっと先生に聞いてみる」ということが、気軽にできなくなりました。

子どもを学校に通わせていると「これってどうなってるの?」と思うことがいろいろとあります。今まではわざわざ学校に電話して聞かなくても、学校行事などで出会った先輩ママから教えてもらっていました。小学校のスポーツ大会や中学校の部活の試合で、先生や他の保護者と一緒に応援しながらするたわいない雑談のなかで、学校のことを知ることができました。

ところが教員の働き方改革の流れで、知らず知らずのうちにそのような機会は減っています。学校側も忙しい保護者への配慮から、保護者の学校に関わる機会を減らしています。

保護者の学校との関係がシンプルで楽になると同時に、得られる情報も減り、成績や評価、クラス分けなどについての噂や謎ルールに対し真偽を判断できる材料がなく右往左往し、後に先生から「そんなことがあるはずがない。もっと早く確認してくれたらよかったのに～」と笑い話で終わることもよくあります。

かつてPTAは、新入生の保護者を、分け隔てなく自然な形で受け入れていましたが、最近「加入は任意」であることが周知され、「どっちでもいいならあえて入らなくてもいいかぁ、役員は避けたいしなぁ」と「何となく無難に非加入」を選ぶ人が増えました。

たしかにPTAには役員の強制や活動の形骸化など、嫌がられてもしかたないことも多々ありました。

一方で、役員になれば良くも悪くも学校に足を運ぶ回数は増え、学校を知ることができます。お互いくじに当たった不運から仲間意識がめばえ、子どもの学年や性別、趣味も違う接点のなかった保護者と意気投合し、卒業後も続く親しい友だちができるメリットもありました。

PTA仲間での雑談の特徴は、部活や習い事など嗜好や環境の似た保護者同士のラインググループの会話と違い「世の中には（といっても、校区内規模ですが）いろいろな考えの人がいるなぁ」「我が家の『フツーはこうだろう』は、我が家だけの常識なのだなあ」と痛感することが多々あることです。

一つ例を挙げましょう。

学校には「登校時間は8時以降」という決まりがあります。「教員の勤務時間は8時15分からなのに、なんで8時に子どもたちが校内にいるのか」という矛盾はさておき「勤務の都合で朝1人になる我が子を8時より早めに登校させたい」とAさんは考えます。就学前は保育園で8時前の登園ができたので、学校も当然そうあるべきだと要望します。それを聞いた保護者たちの反応はさまざまです。「そうだよね。仕事なんだからフツーは、配慮してくれるよ」「フツーは、子どもの安全を守るのが学校だもんね。留守番はあぶないよ」「えっ、フツーは勤務遅らせるでしょ」「それないわ。フツーは保育園じゃないし、頼まないよ」。

他の人の考えに目から鱗で「うーん」と唸ることも多く「校区内の同世代でもいろいろな考えの人がいる」「自分の考えがすべてではない」という認識を得ます。

この認識がないと8時前登校を断られた瞬間に「学校が悪い！ 私は正しい」という考えに陥り、不幸な場合は学校に対する不信感がそのまま続きます。

このようにPTAには出会わないはずの保護者をつなぎ、運営委員会など重ねるうちに他の家庭の常識がチラ見できるという隠れた功績がありました。

少し時間をやりくりすれば、適度にPTAに関わることができた人たちが、「なんとなく非加入」を選び、複合的な視点を養う機会を失うことは、とてももったいなく残念です。

そしてPTAで意見を出し、学校と一緒になって大勢で考える機会を持たなくなった保護者は、我が家の要望（一部は行き過ぎた理不尽な要求などと表現されたりもしますが）を、保護者間のフィルターにかけることなく個々に学校にお願いすることになります。

少し話が飛びますが、子どもたちが今、流行りの制服見直しを要望する場合、①完全制服撤廃派　②大きく声はあげないけれど、経済的な理由からお下がりがもらえる制服がいい派　③私服を考えるのが面倒だから標準服を残したい派、が存在します。３００人の生徒がバラバラに希望を伝えたら、学校はまとめようがありません。

現実的に進めるには生徒会、検討委員会が、個々の要望を集め、生徒たちで互いの思いを受け止めながら方向性をまとめ学校に伝えるという手順が踏まれます。

保護者も同じです。全ての保護者が悪意なく「フツーはこうだよね」を、直接個々に学校に要望すると学校は真摯に受け止めればこそ、３６０度全方位の保護者に気を遣うあまり無難な回答を用意せざるを得ず、結果的には前例踏襲、または他校と横並びの方針で説明責任を果たすことになるでしょう。

学区改編など大きな問題なら保護者の声を伝える仕組みが作られますが、日常の問題なら、生徒会の役割を果たしていたＰＴＡや保護者会がその機能を失えば、学校は向き合う先がありません。

それは最近よく言われる「学校はどんどん内向きになっている」「学校はなんでも横並び」につながります。

「なぜ学校はあんなに閉鎖的なんだろう」と嘆かれる場面は多々ありますが、皮肉にもその一因は、「学校にはいろいろな意見が寄せられている」ことに気がつく機会を失ったまま、「我が家のフツー」で学校と対峙する私たち保護者のせいなのかもしれません。現状を把握したり知識を持つことは、自分を落ち着かせたり前向きな発想を持つことに繋がります。

「ちょっと先生に聞いてみる」機会を今後どのように維持するのかは課題です。

学校と一緒になって子どもの成長を支える保護者の方々に、また、学校が地域に門戸を広げたときの受け皿になる地域の方々に、今の学校の仕組みやお隣さんの考えを知る機会をつくり「学校に関わること、応援することって楽しい」に繋がればと思います。

今関　明子

## 福本　靖　Fukumoto Yasusi

1961 年神戸市生まれ。神戸大学教育学部卒業。中学校社会科教諭として神戸市で教鞭をとり、教頭、教育委員会事務局指導主事、校長を歴任。定年退職後、2023 年より川西市教育委員会事務局理事に。
神戸市立本多聞中学校時代に管理職としてＰＴＡ改革に取り組む。この他にも学力向上や働き方改革など学校の抱える諸課題について提言している。共著に『PTA のトリセツ』(ＣＡＰエンタテインメント)。

## 今関　明子　Imazeki Akiko

1968 年神戸市生まれ。甲南大学文学部卒業。NPO 法人「放課後学習ボランティア支援の会」代表。一女二男（双子）の保護者として小中学校で PTA 会長をつとめる。福本先生とともに、保護者が学校運営に参加する PTA 活動を展開しその記録を『PTA のトリセツ』（ＣＡＰエンタテインメント）で共著。NPO の活動を通し学校と地域住民が連携する放課後の学習支援に力を注ぐ。

**令和版 学校のトリセツ**
保護者と先生のための学校入門

2024 年 4 月 30 日　初版発行

著　者─© 福本　靖・今関　明子
発行者─竹村 正治
発行所─株式会社かもがわ出版
〒 602-8119　京都市上京区出水通堀川西入亀屋町 321
営業　TEL : 075-432-2868　FAX : 075-432-2869
振替　01010-5-12436
編集　TEL : 075-432-2934　FAX : 075-417-2114
印刷─シナノ書籍印刷株式会社

ISBN　978-4-7803-1323-9　C0037